omgaan met je
TIENER

omgaan met je TIENER

DR. SANDI MANN, DR. PAUL SEAGER EN JONNY WINEBERG

DELTAS

OPDRACHT

Van Sandi
Voor mijn ouders, die zoveel zorgen en problemen moesten doorstaan tijdens mijn
(lang vervlogen!) tienerjaren.

Van Paul
Voor Holly: bedankt voor je oneindige liefde en steun – uit de grond van mijn hart,
zoals altijd.
Veel liefs voor mijn vader en moeder: jullie waren natuurtalenten wat het grootbren-
gen van een tiener betreft – het lijkt erop dat ik goed terechtgekomen ben! Bedankt.

Van Jonny
Voor mijn vrouw, de moeder van mijn toekomstige tieners, voor het jarenlang verdra-
gen van mijn innerlijke puber.

Original title: *Surviving the Terrible Teens – How to have a teenager and stay sane*
© Dr Sandi Mann, Dr Paul Seager and Jonny Wineberg, MMVIII.
First published by White Ladder Press Ltd., now an imprint of Crimson Publishing,
represented by Cathy Miller Foreign Rights Agency, London, England.
Dutch language edition: © Zuidnederlandse Uitgeverij N.V., Aartselaar,
Belgium, MMX.
All rights reserved.
Deze uitgave door: Deltas, België-Nederland.
Nederlandse vertaling: Mirjam Bosman
Gedrukt in België

D-MMIX-0001-39
NUR 854

INHOUD

INLEIDING

'Leven met een tiener is als lopen op eieren. Het kan er flink hard aan toegaan als je de verkeerde dingen zegt. Ze zien ouders als de ultieme schaamte en willen niet samen met je gezien worden. Maar over het algemeen is het hartstikke leuk!' OUDER VAN EEN **13**-JARIGE JONGEN

'Het is heel moeilijk om met iemand samen te leven die het ene moment heel erg lief is en het volgende moment een wezen van een andere planeet lijkt te zijn. Soms denken we dat we alleen maar een "vies luchtje" voor hem zijn.' OUDER VAN EEN **16**-JARIGE JONGEN

'Tieners groeien op in een snel veranderende wereld, totaal anders dan de wereld van de vorige generatie en zelfs die van de oudere broers en zussen. We kunnen niet meer zeggen "We weten hoe je je voelt", zoals onze ouders dat konden.' OUDER VAN EEN TIENER

Voor een kersverse ouder is er geen tekort aan hulp en advies in de vorm van boeken en tijdschriften, maar om de een of andere reden zijn die een stuk schaarser als je kind de basisschoolleeftijd bereikt. En tegen de tijd dat je onzeker begint aan de hachelijke periode als ouder van een tiener, lijken al die zelfhulp- en adviesboeken en -tijdschriften mysterieus verdwenen te zijn. Toch vergen de allerlastigste periodes van een baby en peuter lang niet zoveel als het omgaan met een tiener. De slapeloze nachten keren terug (door de zorgen of het wachten op uitgaande tieners totdat ze thuiskomen), de woede-uitbarstingen zijn er weer (en die zijn veel erger dan de ergste pogingen van tweejarigen in de peu-terpuberteit) en het huis is weer vol conflicten, spanningen en chaos, in vergelijking waarmee de vroege kinderjaren een groot feest lijken. Zo erg is het heus niet altijd en de tienerjaren kunnen een heel leuke tijd zijn (als het niet de hel op aarde is natuurlijk). Het doel van dit boek is om u door de turbulente tienerjaren heen te loodsen – zodat u erte-gen opgewassen blijft, om u te laten weten dat u niet de enige bent en om u praktische tips en advies te geven voor de omgang met uw eigen speciale tiener.

Voor het beste advies hebben we gebruikgemaakt van een over-vloed aan psychologische kennis, theorieën en onderzoeken en hebben we tevens ervaringen en meningen van ervaren ouders in het boek opgenomen. Daarvoor hebben we een onderzoek gedaan naar de me-ning van 170 ouders van tieners die het klappen van de zweep al ken-nen. Ook hebben we een panel van negen ouders opgericht die het boek vóór de publicatie hebben gelezen en van commentaar voorzien. Al deze meningen samen maken van dit boek een unieke en waarde-volle hulp voor elke ouder van een tiener.

We hopen dat u dit boek met plezier leest, zich erdoor gesterkt voelt en het een waardevolle gids is voor de soms moeilijke dagen die komen. Ons uiteindelijke doel is u zo veel mogelijk van uw tiener te helpen genieten; het duurt echt niet zo lang voor ze volwassen zijn (hoewel veel te lang voor sommigen) en het huis verlaten om aan de volgende periode in hun leven te beginnen. Lees dit boek om het beste van de tienerjaren te maken – en het hoofd te bieden aan de rotzooi, het lawaai, de angst en het gedrag dat bij deze periode hoort. Onthoud dit: u gaat het allemaal missen als ze het huis uit zijn (misschien!).

Het onderzoek

We hebben honderden vragenlijsten via tijdschriften, kranten en bedrijven naar ouders van tieners verstuurd. We kregen 170 vragenlijsten terug, waarvan er 163 volledig ingevuld waren (ook de commentaren van de lijsten die niet volledig waren, konden gebruikt worden). Iets meer jongens dan meisjes werden onderzocht: 55% van de ingevulde vragenlijsten ging over tienerjongens tegenover 45% meisjes. We vragen ons af of ouders van jongens iets gemotiveerder waren om met ons onderzoek mee te doen (misschien hebben zij meer problemen?) of dat dit een statistisch toeval is.

De leeftijd die we onderzochten, lag tussen 12 en 19 jaar met een ongeveer gelijke verdeling:

12/13 jaar – 16%
14 jaar – 13%
15 jaar – 21%
16 jaar – 18%
17 jaar – 11%
18/19 jaar – 21%

We hebben niet gevraagd of het de moeder of de vader was die de vragenlijst heeft ingevuld – de enige vereiste was dat ze de ouder of stiefouder van het kind waren. Waarschijnlijk is het overgrote deel door moeders ingevuld om de simpele reden dat de lijsten in veel vrouwentijdschriften stonden en moeders in de meeste gevallen de hoofdverzorger zijn. In ieder geval was het grootste deel van de vragenlijsten die we verstuurd hebben aan vrouwen gericht. Hoewel dit de uitkomst kan hebben beïnvloed, waren wij van mening dat de hoofdverzorger degene was die de vragenlijsten moest invullen.

HOOFDSTUK 1

WIE IS DAT WEZEN DAT IK VOORTGEBRACHT HEB?

Tieners van nu worden gevormd door allerlei invloeden. Met sommige daarvan bent u misschien niet altijd even gelukkig. Popsterren en de laatste wannabe's in realitysoaps, populaire voetballers en tv-idolen – ze lijken allemaal meer invloed te hebben op de zich snel ontwikkelende geest van uw tiener dan u ooit hebt gehad. Doe bij deze gekte nog een royale hoeveelheid tienertijdschriften, computergames en de nieuwste dvd's en u vraagt zich af welke invloed u nog hebt, als u die al hebt, op de ontwikkeling van de psyche van uw dierbare tiener. Dit hoofdstuk onderzoekt alle invloeden, de goede en de slechte, waar uw tiener waarschijnlijk mee te maken heeft – en hoe u uw eigen normen en waarden aan deze mix kunt toevoegen om een belangrijke rol in zijn of haar emotionele ontwikkeling te spelen.

Eigen identiteit – wie denkt uw tiener te zijn?

De eigen identiteit is het beeld dat we van onszelf hebben – of we aardig, deugdzaam, of politiek bewust zijn, of we ons aansluiten bij een sport, een bepaalde muziekstijl mooi vinden, ons op een bepaalde manier kleden: dat draagt allemaal bij tot het vormen van het besef van wie we zijn. Deze eigen identiteit ontwikkelt zich al in de kindertijd. Pasgeboren baby's zien zichzelf niet als een afgescheiden entiteit van hun moeder – het besef van het zelf wordt ontwikkeld als ze zich gaan realiseren dat ze een op zichzelf staand persoon zijn. Naarmate ze ouder worden, beseffen kinderen dat ze eigen gevoelens, voorkeuren en wensen los van hun ouders hebben (driejarigen kunnen denken dat mama kaas gedoopt in ketchup lekker vindt omdat zij dat lekker vinden, maar zevenjarigen begrijpen dat zij anders dan mama zijn). Tegen de tijd dat de tienerjaren beginnen, gaan kinderen actief op zoek naar een identiteit die hen duidelijk onderscheidt van hun ouders, om zo opnieuw te bevestigen dat zij een onafhankelijke en afgescheiden persoon zijn. Daarom is tienerrebellie een algemeen verschijnsel. Tieners worden gedreven hun eigen kleren, interesses en waarden te kiezen simpelweg om hun eigen unieke identiteit te doen gelden.

Hoe betrokken bent u bij de ontwikkeling van het zelfbewustzijn van uw tiener? Weet u waar hij of zij van droomt en wat zijn of haar angsten zijn? Om uw tiener te begrijpen, moet u weten wat jongeren drijft, wat belangrijk voor hen is en, heel belangrijk, hoe ze zichzelf zien – wat allemaal deel uitmaakt van hun eigen identiteit. Beantwoord de vragen (bladzijde 11) om erachter te komen hoe goed u werkelijk op de hoogte bent. Dat is belangrijk, want hoe beter u uw tiener kent, hoe groter uw begrip.

'Door de vragenlijst in te vullen, kwam ik erachter hoe weinig ik eigenlijk van mijn tiener wist. Zoals de meeste tieners leeft hij in zijn eigen wereld met zijn vrienden en wil zich absoluut niet inlaten met zijn ouders.' **Ouder van een 15-jarige jongen**

De identiteitsquiz

Schrijf de antwoorden van zo veel mogelijk van de volgende vragen op (als u geen enkele vraag kunt beantwoorden, is het beslist noodzakelijk dat u uw tiener beter leert kennen). Moedig vervolgens uw tiener aan dezelfde vragen te beantwoorden. Daarna kunt u ze met elkaar vergelijken om te zien hoe goed u op de hoogte bent van de eigen identiteit van uw kind. Het kan voor uw tiener tevens een nuttige oefening zijn om de eigen identiteit uit te kristalliseren.

- Welke drie woorden omschrijven uw tiener het beste?
- Wat wil uw tiener worden als hij of zij 'groot' is?
- Waar is uw tiener bang voor?
- Waar maakt uw tiener zich zorgen om?
- Wat doet uw tiener het liefst in de vrije tijd?
- Voor welke dingen (bv. politiek, milieu, humanitaire acties) interesseert uw tiener zich?
- Wie is zijn of haar huidige idool/held?
- Wat is zijn of haar beste eigenschap?
- Wat is zijn of haar slechtste eigenschap?
- Schrijf de groepen op waarbij uw tiener hoort.

Elk van de vragen is erop gericht om de eigen identiteit van uw tiener bloot te leggen. Door drie woorden te kiezen die uw kind het beste omschrijven richt u zich op de meest prominente karaktereigenschappen – dat wil zeggen die uw kind het sterkst definiëren. Carrièrewensen kunnen een weerspiegeling zijn van een dieper bewustzijn van wie jongeren graag willen zijn: bijvoorbeeld, als ze leraar willen worden, kan dat zijn omdat ze graag anderen helpen en zichzelf zien als een betrokken individu (tegenover het alleen maar lange vakanties willen hebben...). Misschien bent u verrast door de angsten en zorgen van uw tiener en onthullen die meer dan u dacht: zorgen omtrent de dood bijvoorbeeld kunnen wijzen op een diepgewortelde angst om van u afgescheiden te zijn of zijn slechts het resultaat van verhalen waarmee ze in contact komen via de media.

Bij een groep horen is ook een belangrijk element van de eigen identiteit. Als we in onzekere situaties terechtkomen, kijken we naar anderen om te zien hoe we ons moeten gedragen (we noemen dat 'sociale bevestiging'). Tieners bevinden zich vaak in onzekere situaties, gewoon omdat ze nog te onervaren zijn om de 'regels' te kennen. Een tiener die bijvoorbeeld in zijn of haar eentje naar een feest gaat, is onzeker over hoe hij of zij zich moet gedragen. Jongeren kijken om zich heen in hun directe omgeving, zien een teamgenoot van de voetbalclub en kopiëren het gedrag.

Alle onderwerpen die bij deze vragen worden aangehaald, zijn essentieel om uw tiener te begrijpen en worden later in dit boek meer in detail besproken.

Zelfrespect – vinden ze zichzelf leuk?

Zelfrespect is een graadmeter van onze eigenwaarde. Het verschilt van de eigen identiteit (dat is wie we denken dat we zijn) en van een begrip dat er nauw mee samenhangt, dat van het zelfvertrouwen, dat een graadmeter is van hoe bekwaam we denken dat we zijn. Ons zelfvertrouwen kan echter directe invloed hebben op ons zelfrespect – als we denken dat we iets wat we belangrijk vinden niet goed kunnen, wordt zeer waarschijnlijk ons zelfrespect kleiner.

Uit ons onderzoek bleek...

Over het algemeen dachten ouders in ons onderzoek dat hun tiener op allerlei gebieden te weinig zelfvertrouwen had. Het minste zelfvertrouwen werd gevoeld in liefdesrelaties: 54% van de ouders vond dat hun tiener op dit gebied te weinig zelfvertrouwen had. 30% vond dat hij/zij te weinig zelfvertrouwen had op het vlak van leerkwaliteiten en vrijwel hetzelfde percentage (29%) was van mening dat hun kind te weinig zelfvertrouwen had over zijn uiterlijk.

Zelfrespect is van vitaal belang voor het zich ontplooiende 'ik' van uw tiener. Weinig zelfrespect kan zeer beschadigend zijn op de lange duur. Tieners (en volwassenen) met weinig zelfrespect hebben waarschijnlijk lagere verwachtingen en minder ambities; ze denken niet dat ze tot iets groots in staat zijn en zullen dus minder geneigd zijn het te proberen. Weinig zelfrespect kan ook een individu produceren dat erg graag aardig gevonden wil worden en indruk op anderen wil maken en het moeilijk vindt om nee te zeggen. Hierdoor zijn ze zeer ontvankelijk voor groepsdruk (zie hoofdstuk 2). Pesters hebben vaak weinig zelfrespect en kunnen dit gaan compenseren ten koste van zwakkeren (zie hoofdstuk 6).

Bent u misschien de oorzaak van het geringe zelfrespect van uw tiener? De meeste ouders gruwen al bij het idee, maar stel uzelf eens de volgende vragen:

- Hebt u constant kritiek op uw tiener?
- Wijst u zijn of haar ideeën af?
- Kraakt u zijn of haar toekomstdromen af?

- Zegt u altijd 'nee'?
- Beperkt u onredelijk veel zijn of haar onafhankelijkheid?
- Schat u zijn of haar meningen vaak niet op hun waarde?
- Luistert u zelden echt naar wat hij of zij zegt?
- Hebt u weinig interesse in zijn of haar dagelijkse leven?
- Heeft hij of zij het gevoel dat u hem of haar weinig steunt?
- Ondermijnt u hem of haar in het bijzijn van zijn of haar vriend(inn)en?

Als een van deze vragen u ergens aan doet denken, dan bewijst u het zelfrespect van uw tiener misschien geen gunst. Natuurlijk kan een gebrek aan zelfrespect ook ergens anders vandaan komen, dus wees niet te hard voor uzelf. Bijvoorbeeld de kritiek van een leraar, een afkeuring van een vriend over hun uiterlijk, een slecht cijfer op school of een ongunstige vergelijking van zichzelf met een beroemdheid in een tijdschrift – dat allemaal kan een schadelijk effect op de ontwikkeling van het broze zelfrespect van uw tiener hebben. Veel hiervan zal meer in detail besproken worden in hoofdstukken later in het boek.

Het zelfrespect van uw tiener ondersteunen

Goed, misschien is het zelfrespect van uw tiener niet zo groot als het zou moeten zijn, maar wanhoop niet, want met een aantal vrij simpele technieken kunt u het zelfrespect ondersteunen.

Als u kritiek moet leveren op uw tiener (grote kans dat dit zo is!), probeer dan niet negatief maar opbouwend te zijn. Opbouwende kritiek is het erkennen van een fout, maar tegelijkertijd de gelegenheid geven om het beter te doen, terwijl negatieve kritiek alleen maar op de fouten wijst. Stel dat jongeren een slecht cijfer hebben behaald op school. Op-

Tieners onafhankelijkheid geven om hun zelfrespect te ondersteunen is lastig, want het gaat om hun veiligheid en om uw verantwoordelijkheid als ouder. Maar er zijn manieren om onafhankelijkheid te leren zonder compromissen te sluiten. Onafhankelijkheid betekent niet alleen dat ze in hun eentje naar hun vrienden en terug naar huis mogen; het betekent dat ze hun eigen beslissingen mogen nemen, hun eigen meningen erop na mogen houden en dat hun rechten erkend worden. Het gaat erom dat ze leren minder afhankelijk te zijn van uw goedkeuring en aangemoedigd worden een eigen mening te hebben. Door dit te doen bij dingen die minder belangrijk zijn, staat u sterker wanneer het er werkelijk op aankomt.

Een laatste manier om hun zelfrespect te vergroten, is werkelijk luisteren naar wat ze te zeggen hebben, interesse tonen in hun leven en actief uw steun geven aan de keuzes die ze maken. Dat betekent weerstand bieden aan de drang om alles tegelijk te doen – hoevelen onder u laden de vaatwasser niet vol of doen een ander huishoudelijk karweitje terwijl ondertussen uw tiener iets probeert te vertellen wat belangrijk is? U kunt denken dat ze gewoon wat staan te babbelen terwijl u zich concentreert op uw klus, maar zij kunnen ongemerkt op iets belangrijks overgaan, dat op deze manier gemakkelijk gemist kan worden. Door te stoppen met het huishoudelijke karweitje laat u zien dat u werkelijk luistert en dat wat zij zeggen uw aandacht waard is.

Andere invloeden op de ontwikkeling van uw kind

Tot nu toe hebben we het gehad over uw invloed op de persoonlijkheid van uw kind. Maar ouders hebben beslist niet de enige, of zelfs noodzakelijkerwijs de grootste, invloed op het leven van hun kind (zie Uit ons onderzoek bleek... verderop). Die andere invloeden zijn school, vrienden, de media, popsterren, beroemdheden, computerspelletjes... en zelfs de bewoners van het Big Brotherhuis. In latere hoofdstukken komen we terug op de druk van school en leeftijdgenoten. Laten we nu de rol van bekende mensen op de geest van de tiener nader bekijken.

Waarom zijn sterren en beroemdheden zo belangrijk voor tieners? Er zijn een aantal mogelijke verklaringen. Dat zijn:

De behoefte aan een rolmodel. Jonge mensen, die hun eigen unieke identiteit aan het ontwikkelen zijn, voelen zich vaak onzeker over de persoon die ze willen zijn. Moeten ze extravert of meer gereserveerd zijn? Moeten ze spottend en cynisch zijn of vrolijk en enthousiast? Moeten ze meedoen aan de mode of hun eigen stijl ontwikkelen? Met een rolmodel kunnen onzekere tieners iemand kopiëren van wie ze denken dat die het goed doet.

De eerste verliefdheid. De eerste 'relatie' van veel jonge mensen is met een beroemdheid. Natuurlijk is dit geen echte relatie, maar dient als een gelegenheid om de emoties uit te proberen die ze later nodig hebben in echte relaties. De gevoelens die ze ervaren, de waanzinnige verliefdheid die ze voelen, de talenten die ze graag zouden willen hebben: dat zijn allemaal oefeningen voor het echte leven dat ze later, hopen ze, willen bereiken.

'Mijn dochter was enorm verliefd op een voetballer. Ik schreef een brief aan de teamleider waarin ik om een handtekening vroeg en ontving een gesigneerde foto die ze boven haar bed hing en elke avond kuste. Totdat er in de krant stond dat hij ging trouwen. Gelukkig was ze er toen al overheen en ik was opgelucht dat ze zonder gezichtsverlies of door het op mij af te reageren met het ritueel kon stoppen!' OUDER VAN EEN TIENERDOCHTER

Verliefdheden of obsessies voor beroemdheden zijn normaal. Het hoort er gewoon bij en er moet gevoelig mee omgegaan worden. Dus probeer het object van hun verlangen niet belachelijk te maken, zelfs niet als u eigenlijk vindt dat hun idool de laatste persoon op aarde is die iedereen met een gezond verstand zou willen aanraken, laat staan een relatie mee zou willen hebben. Een verliefdheid wordt wel een probleem als hun schoolprestaties eronder lijden of als ze onwenselijk gedrag gaan imiteren. Als dat gebeurt, kunt u voorzichtig proberen hun aandacht en energie op andere dingen te richten, zoals hobby's en verenigingen.

Hang naar een levensstijl. Sterren laten voor veel tieners een glimp van een wereld zien waar zij alleen maar van kunnen dromen. Een wereld waarin ze het middelpunt zijn, waar ze worden bewonderd en aanbeden en alles hebben wat een tiener zich zou kunnen wensen. Dus misschien bewonderen ze niet zozeer de persoon als wel de levensstijl en alles wat errond hangt.

Vluchtgedrag. De eisen van school, huiswerk, proefwerken en huishoudelijke karweitjes kunnen in zelfs het meest plichtsgetrouwe kind de wens doen ontstaan om ervan weg te vluchten – al is het maar voor de duur van de weg naar en van school. Fantaseren over een idool kan even respijt geven van de alledaagse zorgen. Dus dromen over de droomprins(es) van het witte doek is een handig middel om even te ontsnappen aan het echte leven.

De behoefte om bij een groep te horen. Als al hun vriend(inn)en achter de laatste popsensatie aanhollen, wil uw tiener niet achterblijven. Jonge mensen hebben een grote behoefte om ergens bij te horen, want dit versterkt hun persoon en sociale identiteit. Een groep, bijvoorbeeld een supportersgroep van een voetbalteam, een schoolklas of scouting-groep, biedt de mogelijkheid tot sociale identificatie en bevestiging. Dit betekent dat lid zijn van een groep een sterk gevoel van ergens bij te horen geeft, wat een van de dingen is die tieners nodig hebben om een goed gevoel over zichzelf te krijgen. Sociale bevestiging geeft tieners de mogelijkheid om hun waarden en normen te vergelijken met die van de andere groepsleden.

Uit ons onderzoek bleek...

We vroegen ouders hoeveel positieve of goede invloeden zij denken dat hun tieners uit allerlei hoeken ondervinden. De populairste positieve invloed kwam van de ouders zelf (niet verrassend!), met 42% van de ouders die zei dat zij 'veel' positieve invloed hadden op hun kind. Daarna volgden, iets verrassender misschien, de vriend(inn)en van de tieners met 37%, ondanks alle zorgen van ouders over de druk van leeftijdgenoten. Veel lager op de lijst stonden school en leraren (19%) en internet (16%). Van televisie vond slechts 7% van de ouders dat het een sterke positieve invloed had, terwijl tijdschriften (3%) en beroemdheden (2,5%) helemaal onderaan op de lijst van goede invloeden bengelden.

Het belang van hobby's en interesses

Een waardevol onderdeel van de ontwikkeling van uw tiener is het verkennen van verschillende hobby's en interesses. Het is dan ook goed om hen aan te moedigen als ze ergens enthousiasme voor tonen. Het heeft veel voordelen als uw kind een hobby heeft:

● **Het ontmoeten van mensen.** Clubs of naschoolse activiteiten zijn een geweldige gelegenheid om mensen met dezelfde interesse te ontmoeten of de vriendenkring groter te maken. Dit is vooral goed als ze niet zoveel vrienden hebben (bv. als u naar een andere plaats bent verhuisd) of als ze volgens u de 'verkeerde' vrienden hebben.

● **Ontspanning.** Activiteiten in de buitenlucht bieden de gelegenheid om te ontsnappen aan de druk van school. Met sport kan de opgekropte energie worden verbrand. Bovendien heeft sport als toegevoegde waarde 'een gezonde geest in een gezond lichaam'.

● **Zelfrespect.** Vaak worden tieners aangetrokken tot iets waar ze goed in zijn, zoals voetbal, schaken of kunst. Door iets te doen waar ze goed in zijn, krijgen ze een goed gevoel over zichzelf. Maar zelfs als ze niet uitblinken in hun gekozen vrijetijdsbesteding, krijgt hun zelfrespect een flinke oppepper. Gewoon doordat ze iets doen wat ze leuk vinden.

● **Eigen identiteit.** Volwassenen ontlenen hun identiteit vaak aan hun beroep. De eerste vraag die we stellen als we iemand net hebben ontmoet is: 'Wat doet u?' Het beroep bepaalt in zekere mate uw denkbeeld van deze persoon. Kinderen hebben geen beroep, dus kunnen hobby's en interesses daarvoor in de plaats dienen. Door aan mensen te vertellen dat je in de zwemploeg zit, wordt er onmiddellijk een heel ander beeld opgeroepen dan wanneer je zegt dat je lid van de schaak-club bent. Dit beeld, voor anderen en jezelf, draagt bij aan de eigen identiteit of het beeld dat je van jezelf hebt.

● **Groepsidentiteit.** Mensen zijn van nature sociale dieren. Door bij een club te gaan wordt onze behoefte om ons ergens bij aan te sluiten, bevredigd. Ook heeft het als voordeel dat we omringd worden door gelijkgezinden, waardoor we ons zekerder over onszelf voelen.

Het is belangrijk om als ouder ervan bewust te zijn dat tieners een hobby kunnen voortzetten vanwege de hierboven genoemde goede redenen maar ook vanwege de verkeerde redenen. Sommige kinderen kunnen de druk voelen om ergens mee door te gaan om hun ouders een plezier te doen; de behoefte aan goedkeuring kan in deze leeftijds-groep heel sterk zijn. Misschien oefent u druk uit zonder dat te besef-fen; bijvoorbeeld als hun gekozen interesse u veel geld heeft gekost waardoor zij het gevoel hebben dat ze ermee door moeten gaan. Ook kan het zijn dat u zelf uitblonk in iets en dat dit impliciet druk op hen uitoefent om te proberen er ook in uit te blinken. Nog een mogelijkheid is dat u nooit de kans had om u in een bepaalde hobby uit te leven en dat u vindt dat uw kind alle kansen moet benutten die u nooit had.

HET VERHAAL VAN EEN MOEDER

'Ik wilde als kind altijd op ballet, maar mijn ouders konden dat niet be-talen. Toen ik een meisje kreeg, was ik vastbesloten dat zij de kans zou krijgen die ik nooit gehad had. Op haar derde verjaardag liet ik haar naar de balletschool gaan. Toen ze twaalf was, weigerde ze nog langer te gaan. Ik was er kapot van. Ze vertelde dat ze de afgelopen jaren al-leen was gegaan omdat ze wist hoeveel het voor mij betekende.'

Nog een mogelijke slechte reden om door te gaan met een hobby is groepsdruk; iets doen omdat al hun vriend(inn)en het doen, kan leiden tot een verwarde eigen identiteit. Ze kunnen denken dat ze de hobby leuk moeten vinden omdat hun vriend(inn)en het leuk vinden, wat een innerlijk conflict kan veroorzaken. Dus is het belangrijk om activiteiten te stimuleren die zij leuk vinden en niet die andere mensen leuk vinden.

De hobby's van uw kind in goede banen leiden

Een vraag die mogelijk bij u opkomt, is wanneer aanmoediging van de hobby van uw tiener overgaat in te grote druk. Een aanwijzing dat er weleens een probleem zou kunnen zijn, is als uw tiener er niet meer zo graag naartoe lijkt te gaan, het niet meer zo graag doet of weigert er zelfs maar over te praten. Als u merkt dat u steeds moet zeuren of hen moet overreden, wordt het tijd dat u een stapje terug doet. Want het kan zijn dat u de grens tussen aanmoediging en druk hebt overschreden.

'Een moeder die ik ken, was erg betrokken bij het korfbal van haar dochter. Ze ging altijd met het team mee, droeg de spullen en probeerde invloed uit te oefenen om ervoor te zorgen dat haar dochter werd geselecteerd. Het meisje stopte ermee. Daarna bemoeide ze zich op dezelfde manier met de volgende hobby. Ze pakte iedere gelegenheid aan om de kwaliteiten van haar dochter op te hemelen. Nu vraagt ze zich af waarom haar dochter in haar vrije tijd in haar slaapkamer blijft zitten.' OUDER VAN EEN TIENER

Natuurlijk is de verleiding groot om te gaan zeuren als het halve maandsalaris is opgegaan aan voetbalschoenen, scheenbeschermers, clubbladen en een sporttas om het allemaal in te stoppen, en zij na twee weken besluiten dat ze liever ballet willen gaan doen. Moet u de druk opvoeren en hen dwingen iets te doen waar ze geen belangstelling meer voor hebben of moet u het zinkende schip verlaten en de andere helft van uw salaris spenderen aan balletkleren? Is het voor uw tiener gezond om als een vlinder van de ene naar de andere hobby te fladderen of moet u meer doorzettingsvermogen kweken?

Aan beide benaderingen zitten voordelen: aan de ene kant is dit de leeftijd waarop jongeren verschillende activiteiten moeten uitproberen om erachter te komen wat ze leuk vinden en waar ze goed in zijn. Deze periode van ontdekking draagt bij tot de ontwikkeling van de eigen identiteit (zoals hierboven beschreven). Aan de andere kant moet ook de ontwikkeling van het plichtsgevoel bij jongeren worden aangemoedigd, vooral als het om een teamsport gaat, waar ze andere mensen in de steek kunnen laten. Een praktische oplossing kan zijn om hen alleen toe te staan een nieuwe hobby te beginnen als ze beloven er een redelijke tijd bij te blijven, bijvoorbeeld een seizoen.

Ten slotte is het voor ouders belangrijk te weten dat het voor tieners niet goed is om een te druk leven te leiden. Sommige ouders slepen hun kinderen van activiteit naar activiteit om ze zo veel mogelijk waardevolle ervaringen op te laten doen. Jongeren hebben net als volwassenen tijd nodig om te ontspannen, bij te komen en niets te doen. Dus probeer ervoor te zorgen dat er voldoende tijd overblijft waarin niets hoeft.

Dit hoofdstuk begon met te kijken naar datgene wat tieners maakt tot wie ze zijn. In het volgende hoofdstuk gaan we door op de vraag hoe u uw tiener kunt begrijpen en bespreken we hoe u uw kind kunt helpen zijn persoonlijkheid te ontwikkelen.

HOOFDSTUK 2

UW TIENER HELPEN ZIJN PERSOONLIJKHEID TE ONTWIKKELEN

Tijdens de overgang van kind naar puber verandert uw dierbare zonnestraaltje van iemand die graag zoals u wil zijn en uw idealen en waarden wil volgen in een schepsel dat er alles aan doet om zich van u en waar u voor staat te verwijderen en af te scheiden. Uw kind heeft niet langer dezelfde smaak voor kleren, amusement en activiteiten – eigenlijk lijkt het erop dat alles wat u voorstelt wordt afgewezen door uw zoon of dochter, alleen maar omdat u het bent die het voorstelt. Met andere woorden: ze krijgen een eigen identiteit en dat zult u geweten hebben ook.

Natuurlijk hoort het bij de opvoeding om uw kind te begeleiden bij de ontwikkeling van zijn persoonlijkheid. Dit hoofdstuk gaat er dan ook niet over om dit natuurlijke proces tegen te houden, maar is geschreven om u te helpen omgaan met deze moeilijke overgangsperiode. Ook kunt u hier lezen hoe u uw kind helpt zichzelf te worden en niet iemand zoals hun vriend(inn)en hen misschien graag zien – dus hoe ze weerstand kunnen bieden aan de druk van leeftijdgenoten. En uiteraard gaat het over u, die weerstand moet bieden aan de verleiding om die heerlijke onbezorgde *mini-ik*-tijd te verlengen die zo kenmerkend is voor de kinderjaren.

Op de allereerste plaats beginnen we met die ontzettend belangrijke vriend(inn)en. Want tenslotte wilt u niet dat de 'mini-ik' verandert in een 'mini-zij'.

De invloed van vriend(inn)en

'Ik merk dat de invloed van vriendinnen in deze periode enorm groot is – ze zijn ongelofelijk belangrijk voor haar.'
OUDER VAN EEN **16**-JARIG MEISJE

'Ik kan wel zeggen dat de vriendinnen van mijn dochter een heel grote negatieve invloed op haar hebben. Twee ervan zijn al met de politie in aanraking gekomen.' OUDER VAN EEN **15**-JARIG MEISJE

'Mijn dochter kan niet zonder het contact met haar vriendinnen. Ze is constant aan het sms'en om te horen wat ze doen of wie wat gezegd heeft, enzovoorts.' OUDER VAN EEN TIENERDOCHTER

Vriend(inn)en staan centraal voor uw tiener. Uit ons onderzoek bleek dat vrienden, vriendschap, erbij horen enzovoort, tieners het meest bezighoudt. Eén derde van de ouders die we ondervroegen, zei dat hun kinderen zich hier de meeste zorgen over maakten. In de puberteit gaan tieners betekenisvolle en langdurige vriendschappen aan. Als kind hebben ze ook vriend(innet)jes maar dat zijn meer speelkameraadjes. Kinderen hebben vriendjes nodig om met hun poppen en autootjes te spelen, op de speelplaats te spelen en spelletjes mee te doen. Als ze tiener zijn, worden diepere aspecten van vriendschap belangrijk. Ze willen iemand met wie ze bijvoorbeeld emoties kunnen delen, die hen steunt en helpt met problemen en zorgen.

Als ouder tobt u zich suf over de invloed van de vriend(inn)en van uw tiener. Het kan moeilijk zijn om plotseling tot het besef te komen dat de mening van vriend(inn)en belangrijker lijkt te zijn dan die van u. U maakt zich zorgen dat ze geen 'goede' vriend(inn)en hebben, dat de vriend(inn)en een slechte invloed hebben en de hele goede basis ondermijnen die u de afgelopen tien jaar hebt gelegd. Dat zijn geen ongegronde zorgen als hun vriend(inn)en een grotere invloed hebben dan u. Maar als u bij hen zelfrespect en zelfvertrouwen hebt opgebouwd, hen goede waarden hebt bijgebracht en hen hebt geleerd assertief te zijn (zie later in dit hoofdstuk), kunt u erop vertrouwen dat uw tiener de middelen heeft om zich te beschermen tegen slechte invloeden. En vergeet niet dat vriend(inn)en ook een goede invloed kunnen hebben. Meer dan één derde van de ouders uit de vragenlijsten vond dat de vriend(inn)en van hun tieners een 'heleboel' positieve invloeden hadden.

De macht van groepsdruk begrijpen

'Mijn 16-jarige zoon heeft op het ogenblik een werkstraf van drie maanden wegens geweldpleging. Groepsdruk heeft hier een grote rol in gespeeld.' OUDER VAN EEN TIENER

'Haar vriendinnen hebben de meeste invloed op haar – vooral wat betreft alcohol en feestjes!' OUDER VAN EEN **15**-JARIG MEISJE

'Haar vriendinnen zijn de belangrijkste mensen in haar leven.'
OUDER VAN EEN **14**-JARIG MEISJE

'Onze dochter en de andere meisjes lijken wel klonen. Ze zien er allemaal hetzelfde uit. Niemand heeft ook maar een vezel van zichzelf.' OUDER VAN EEN **14**-JARIG MEISJE

Tieners vinden het enorm belangrijk wat hun vriend(inn)en denken. Vriend(inn)en verschaffen een sociale barometer waaraan zij hun eigen gedrag, waarden, talenten en kwaliteiten kunnen meten. Als ze willen weten hoe goed ze in scheikunde zijn, gaan ze niet af op hun scheikundeleraar, maar vergelijken ze zichzelf met hun leeftijdgenoten. Ook als ze willen weten hoe grappig ze zijn, vinden ze het hoogstwaarschijnlijk veel belangrijker dat ze de lach hebben van hun vriend(inn)en dan van hun ouders.

Het allerbelangrijkste voor de meeste tieners is om gunstig af te steken bij hun leeftijdgenoten, omdat ze de behoefte hebben hetzelfde te zijn als gelijkgestemde anderen. Als ze denken dat ze hetzelfde zijn, geeft hun dit de geruststelling dat ze alles goed doen. Dit kan betekenen dat vriend(inn)en een enorme macht hebben over het gedrag van uw kind, de kledingkeuze, interesses, gewoonten en waarden. Als tieners ouder worden en meer zelfvertrouwen krijgen in hoe ze zich moeten gedragen en wat er van hen verwacht wordt, kunnen ze minder afhankelijk worden van de goedkeuring van leeftijdgenoten (hoewel veel volwassenen die fase nog niet hebben bereikt!).

Er is sprake van groepsdruk als tieners door hun vriend(inn)en worden aangezet iets te doen wat ze normaal gesproken niet zouden

De rol van vrienden

Volgens Gottman & Parker (1987) zijn vriend(inn)en voor tieners belangrijk om de volgende redenen:

● Kameraadschap – tieners hebben vrienden van ongeveer dezelfde leeftijd nodig om hun interesses, dromen en angsten mee te delen en gewoon wat rond te hangen.

● Stimulatie – vrienden zorgen voor vermaak, opwinding en plezier bij uw tiener.

● Fysieke steun – soms hebben tieners wat meer concrete steun nodig, bijvoorbeeld een vriend(in) die meegaat naar de dokter, met wie bijvoorbeeld tijdschriften en boeken kunnen worden gedeeld, of kleren en make-up kunnen worden uitgewisseld.

● Ondersteuning van het ego – tieners hebben leeftijdgenoten nodig die hun zelfrespect kunnen versterken op al die onzekere momenten, zoals om te horen dat ze er goed uitzien in hun nieuwe spijkerbroek of met hun nieuwe kapsel.

● Sociale vergelijking – op onzekere momenten kijken tieners naar hun vriend(inn)en om te zien hoe ze zich moeten gedragen. Ze krijgen bijvoorbeeld een nieuwe klasgenoot en uw tiener kijkt naar de mening van zijn of haar vriend(inn)en om te weten of die moet worden geaccepteerd of niet.

● Intimiteit/affectie – tieners moeten buiten hun ouders warme en hechte relaties aan leren gaan. Goede vriend(inn)en vervullen die rol. Hierbij gaat het vaak om het openen van zichzelf, zoals het delen van geheimen en gevoelens.

doen. Het is belangrijk om te begrijpen dat er veel redenen kunnen zijn waardoor tieners bezwijken voor groepsdruk, namelijk: angst voor afwijzing, niet het mikpunt van spot willen zijn, bang om een vriend(in) te kwetsen, de indruk willen geven dat ze volwassen zijn, cool willen zijn en geaccepteerd en aardig gevonden willen worden.

Groepsdruk kan goed zijn als uw tiener aangemoedigd wordt tot goede dingen, zoals een nieuwe hobby oppakken of vrijwilligerswerk doen. Groepsdruk kan ook verantwoordelijk zijn voor de slechte dingen, zoals roken, drugsgebruik, spijbelen en dat soort dingen. U kunt uw kind helpen weerstand te bieden aan negatieve groepsdruk door het geloof in zichzelf en hun zelfvertrouwen te versterken (zie bladzijde 32). Tieners die zelfvertrouwen en een goed gevoel van eigenwaarde hebben en zich veilig voelen, zijn veel beter in staat weerstand te bieden aan groepsdruk.

Uw kind ongevoelig maken voor de effecten van groepsdruk

De truc om uw tiener te helpen weerstand te bieden aan groepsdruk bestaat eruit uw kind *erop voor te bereiden*. Er zijn een aantal technieken waar tieners altijd gebruik van maken om invloed uit te oefenen: als u uw tiener leert die te herkennen, kunt u uw kind ongevoelig maken voor de meeste groepsdruk waar het mee te maken zal krijgen. Bij groepsdruk gaat het om de volgende technieken:

● De machtigste techniek waar tieners mee te maken krijgen, is de 'dan-ben-ik-niet-langer-jouw-vriend(in)'-truc. Dit begint al in de kleutertijd en wordt steeds subtieler naarmate ze ouder worden. Tegen de tijd dat ze tiener zijn, kan het vele vormen hebben aangenomen, van directe dreigingen tot meer verholen intimidatie.

- Een andere manier is het gebruik van onechte argumenten. Vriend(inn)en kunnen proberen te overreden met onlogische, valse of andere niet-overtuigende argumenten. Belangrijke verraderlijke zinnen waar uw tiener voor moet uitkijken zijn:
'Niemand komt het te weten', 'Een keer geeft toch niks', 'Alle anderen doen het ook', 'Als je van me houdt, doe je het', 'Als je echt mijn vriend(in) bent, doe je het'.
- Vernedering is een andere manier om de druk op te voeren. Veelgemaakte spottende opmerkingen zijn: 'Watje', 'Word eens volwassen', 'Je denkt te veel na', 'Wat ben jij een sul, zeg'.

De beste manier om deze trucs te ontkrachten, is door uw tiener er ongevoelig voor te maken. Zoek een goede gelegenheid om samen over groepsdruk te praten voordat uw kind er echt mee te maken krijgt.

Probeer uw kind ervan te overtuigen dat het zich geen zorgen hoeft te maken over de 'dan-ben-ik-jouw-vriend(in)-niet-meer'-truc. Dat zijn vaak niet meer dan loze dreigingen – misschien is een beetje uitdaging (oké, dan maar niet) al voldoende. En als het geen loos dreigement is, wijs er dan voorzichtig op dat dit misschien geen echte vriend(in) is. Maar het is beter uw tiener zelf tot deze conclusie te laten komen.

Moedig uw tiener aan om kritisch na te denken over oppervlakkige argumenten in plaats van die zomaar voor waar aan te nemen. Bijvoorbeeld 'Iedereen doet het': dat is een statement dat schreeuwt om bewijs. Een eenvoudig 'Hoe weet je dat?' kan een heleboel onechte argumenten ontzenuwen. Waarschuw uw tiener dat argumenten gebaseerd op emotionele chantage ('Als je van me houdt, doe je het') een heleboel harde bellen in hun hoofd moeten laten rinkelen. Iemand die zoiets zegt, kan nooit erg veel om je geven.

En ten slotte moet uw tiener weten dat als anderen hun toevlucht nemen tot kinderachtige spottende opmerkingen, dit een laatste wanhopige overredingstruc is als al het overige heeft gefaald. Als vriend(inn)en beginnen te beledigen, dan weten ze dat de ander niet is over te halen met redelijke argumenten. De laatste zwakke poging is het maken van wat spottende opmerkingen in de hoop dat de ander zich nederig overgeeft. Zeg tegen uw tiener weg te lopen als er beledigingen naar zijn of haar hoofd worden geslingerd – en dat uw kind best mag grijnzen in de wetenschap dat hij of zij gewonnen heeft.

Uw tiener assertiever maken

Een belangrijke manier waarop uw tiener zich kan ontwikkelen tot een eigen persoon is door te leren assertief te zijn. Assertiviteit betekent dat ze opkomen voor zichzelf en waar ze in geloven, dat ze hun rechten en die van andere mensen respecteren (ook die van u) en dat ze hun meningen, wensen en behoeften uiten op een manier die geen inbreuk maakt op die van andere mensen. U hoeft niet bang te zijn voor de assertiviteit van uw tiener: sommige ouders denken dat passieve, plooibare kinderen makkelijker zijn om te hanteren en sturen. En dat klopt. Maar als ze gemakkelijk door u te sturen zijn, dan zijn ze waarschijnlijk net zo gemakkelijk te sturen door drugsgebruikende, schoolspijbelende jongeren die op de straathoek rondhangen. Als ze leren assertief te zijn, kan dit inderdaad betekenen dat ze tegen u in verzet komen, maar ze zullen zich waarschijnlijk ook verzetten tegen de 'horror' op straat.

Vraag uw tiener de volgende vragen te beantwoorden. Of beantwoord de vragen op basis van hoe u denkt dat uw tiener zich zal gedragen.

Geef aan hoe moeilijk je het vindt om de volgende dingen te doen. Maak gebruik van de volgende gradaties:

1 = ik denk dat ik dit heel makkelijk kan
2 = ik denk dat ik dit best makkelijk kan
3 = ik denk dat dit best moeilijk voor me is
4 = ik denk dat dit heel moeilijk voor me is

- Nee zeggen als iemand je iPod (of iets vergelijkbaars) wil lenen
- Iets aardigs tegen een vriend(in) zeggen
- Iemand om een gunst vragen (bv. iemand vragen voor jou een boek uit de bibliotheek te halen)
- Sorry zeggen als je iets verkeerds hebt gedaan/een fout hebt gemaakt
- Nee zeggen als iemand met je uit wil gaan (een afspraakje of zomaar met een vriend(in))
- Tegen een huisgenoot zeggen dat je je aan hem of haar ergert
- Aan je vriend(inn)en toegeven dat je iets niet weet
- In de klas toegeven dat je iets niet weet
- Nee zeggen als iemand geld wil lenen
- Tegen een praatzieke vriend(in) zeggen zijn of haar mond te houden
- Nee zeggen als iemand met je wil afspreken
- Als iemand niet met jou wilde afspreken, het een andere dag nog een keer vragen
- Aan vriend(inn)en toegeven dat je iets niet begrijpt
- Vragen of je iemand boos hebt gemaakt
- Tegen iemand zeggen dat je hem of haar aardig vindt
- Klagen over een product dat niet goed werkt of over een slechte service

- Tegen een leraar zeggen dat je iets niet begrijpt
- Een andere mening zeggen dan die van je vriend(inn)en
- Tegen iemand zeggen dat jij vindt dat hij of zij jou oneerlijk behandeld heeft
- Iemand goed nieuws over jezelf vertellen
- Weerstand bieden aan de druk van vriend(inn)en om iets te doen wat je niet wilt (bv. alcohol drinken, roken etc.)
- Vragen om geleende spullen weer terug te geven
- Door blijven praten tegen iemand die het niet met jou eens is
- Tegen vriend(inn)en zeggen dat ze iets doen waar jij je aan ergert
- Aan iemand die jou in het openbaar hindert, vragen ermee op te houden
- Complimenten aannemen
- Tegen een leraar zeggen dat jij vindt dat hij of zij jou oneerlijk behandelt
- Aan een volwassene die in de buurt van jou rookt, vragen daarmee te stoppen

De score: als er voornamelijk met 1 of 2 is geantwoord, lijkt het goed gesteld met de assertieve vaardigheden. Als er voornamelijk met 3 of 4 is geantwoord, ontbreekt het waarschijnlijk aan assertiviteit – zoals bij de meeste tieners het geval is.

Het eerste wat uw tiener moet begrijpen, is het verschil tussen assertiviteit, passiviteit en agressie. Soms worden tieners agressief omdat ze zich op geen andere manier weten te uiten. Of ze durven niet voor zichzelf op te komen omdat ze niet zeker weten of het wel mag. Met de volgende twee fases kunt u uw tiener leren assertief te zijn.

Fase een

Een goed beginpunt is om samen met uw tiener te gaan praten over hun rechten als jongere. De volgende lijst kan daarbij een hulp zijn. Het is echter beter henzelf een paar items te laten bedenken dan de lijst gewoon voor te lezen. Dit kunt u doen door uw tiener te vragen wat hun rechten zijn met betrekking tot bijvoorbeeld vrijheid, privacy en behandeling door andere mensen.

Voorbeeldlijst van rechten

● We hebben allemaal het recht om op te komen voor onze behoeften, wensen en gevoelens: dat betekent dat we het recht hebben om tegen mensen te zeggen hoe we ons voelen.

● Het recht om te vragen wat we willen… en tegelijkertijd in gedachten te houden dat andere mensen het recht hebben om nee te zeggen.

● Het recht om een mening te hebben, maar we moeten het recht van andere mensen op een andere mening respecteren.

● Het recht om onze eigen beslissingen te nemen (maar wel de consequenties aanvaarden).

● Het recht om ervoor te kiezen of we betrokken willen worden bij de problemen van andere mensen – en andere mensen hebben het recht om te kiezen of ze al of niet bij onze problemen betrokken willen worden.

● Het recht om fouten te maken zonder levenslang ervoor beschuldigd te worden.

● Het recht om van mening te veranderen… maar niet het recht om van andere mensen te verlangen dat ze dat op prijs stellen.

● Het recht op een zekere mate van privacy – en andere mensen hebben het recht om dat van ons te verlangen.

● Het recht om gelukkig te zijn... maar niet ten koste van iemand anders.

● Het recht om onszelf te veranderen... maar niet het recht om van andere mensen te verlangen dat ze blij zijn met onze verandering.

● Het recht om onze eigen keuzes te maken, zelfs als blijkt dat het de verkeerde zijn.

● Het recht om nee te zeggen als we vinden dat dat het beste is.

● Het recht om met respect behandeld te worden – en andere mensen hebben het recht om door ons met respect behandeld te worden.

Alleen door zich ervan bewust te zijn, kunnen tieners weten of hun rechten geschonden worden. Hoe kunnen tieners bijvoorbeeld nee zeggen als ze er niet van doordrongen zijn dat ze daartoe het recht hebben? Hoe kan verwacht worden dat ze in verzet komen tegen hun vriend(in) als ze niet erkennen dat ze net zoveel recht op geluk hebben als de ander?

Fase twee

De essentie van assertiviteit is nee leren zeggen. Van ons allemaal worden in het leven dingen verwacht die we niet graag doen, maar bij tieners kan het hierbij gaan om dingen die illegaal, schadelijk of ronduit gevaarlijk zijn. Nee zeggen is soms gemakkelijker gezegd dan gedaan, zoals elke ouder kan bevestigen.

Oefen de volgende technieken samen met uw tiener en misschien merkt u beiden wel dat u steeds beter nee kunt zeggen.

De techniek van de herhaling. Hier blijf je gewoon steeds weer nee zeggen, misschien met een kleine variatie. Bijvoorbeeld:

Vriend(in): 'Ga je mee het laatste uur spijbelen om samen met mij een cadeautje voor een vriend te kopen?'

Tiener: 'Nee, dan hebben we aardrijkskunde en dat wil ik niet missen.'

Vriend(in): 'O, wees niet zo saai.'

Tiener: 'Ik wil aardrijkskunde niet missen.'

Vriend(in): 'Maar je hebt een hekel aan aardrijkskunde.'

Tiener: 'Toch wil ik het niet missen.'

Vriend(in): 'Maar je zou het wel doen als je een echte vriend(in) was.'

Tiener: 'Ik ben je vriend(in) maar ik wil niet spijbelen.'

Enzovoorts.

Reflecteren. Hierbij ben je het eens met het idee maar houd voet bij stuk. Bijvoorbeeld:

Vriend(in): 'Hé, kom je bij mij na school?'

Tiener: 'Sorry, ik kan niet.'

Vriend(in): 'Maar ik hoopte dat we onze uitnodigingen voor het feest af zouden maken.'

Tiener: 'Dat is een goed idee, maar ik kan niet.'

Vriend(in): 'Maar ik hoopte echt dat we ze vandaag af zouden krijgen.'

Tiener: 'Ik snap dat je ervan af wilt zijn, maar ik kan niet komen.'

Nee met een reden. Dit verschilt van de techniek van de herhaling omdat je nu redenen geeft voor je weigering. Dit is een heel goede techniek maar voor sommige tieners moeilijk, omdat je erg goede argumenten uit je mouw moet schudden en tegenargumenten moet geven. Bijvoorbeeld:

Vriend(in): 'Kan ik je mobieltje lenen voor deze middag?'

Tiener: 'Nee, liever niet.'

Vriend(in): 'Maar ik heb die van mij thuis laten liggen en ik moet mijn vriend sms'en.'

Tiener: 'Nee, want ik vind het niet fijn om zonder mijn mobieltje ergens naartoe te gaan.'

Vriend(in): 'Ik geef hem jou direct na wiskunde terug.'

Tiener: 'Nee, de batterij is bijna leeg en ik heb hem voor noodgevallen nodig, en mijn beltegoed is bijna op.'

Vriend(in): 'Ik betaal je terug voor de sms'jes.'

Tiener: 'Nee, ik moet zeker weten dat de batterij niet leeg is als ik naar huis fiets.'

Er is veel te lezen en te krijgen over assertiviteitstraining. Bovenstaande is slechts een voorproefje om mee te beginnen. Natuurlijk heeft niets uit dit hoofdstuk veel zin als uw tiener zelfs niet met u wil praten (en laten we eerlijk zijn, veel tieners ondergaan nog liever een wortelkanaalbehandeling). Dus het volgende hoofdstuk gaat over het bevorderen van de communicatie met uw o zo zwijgzame puber.

HOOFDSTUK 3

HOE BLIJF JE PRATEN ALS ZIJ ALLEEN MAAR BROMMEN?

'We proberen met hem te praten, maar hij vindt het moeilijk om antwoord te geven – dat is zo frustrerend.'
OUDER VAN EEN **17**-JARIGE JONGEN

'Ik mag blij zijn als ik een brom terugkrijg als ik haar iets vraag.'
OUDER VAN EEN **13**-JARIG MEISJE

'Het is heel moeilijk om met haar te praten, want zij zegt alleen maar dat we onze mond moeten houden.'
OUDER VAN EEN **16**-JARIG MEISJE

'Laura "communiceert" niet met ons.'
OUDER VAN EEN **16**-JARIG MEISJE

'Ik word in het ongewisse gelaten. Ze zegt alleen het strikt noodzakelijke – en dan nog meestal na de gebeurtenis.'
OUDER VAN EEN **15**-JARIG MEISJE

'Een dialoog proberen te hebben met een tiener kan je emotioneel gehavend en gekneusd achterlaten. Het is bijna onmogelijk om met een zwijgzame puber te communiceren die echt niet wil praten en die jou stom vindt. Mark Twain beschrijft het briljant: "Het is heel merkwaardig. Toen ik rond de 13 jaar was, begon mijn vaders intelligentie te dalen. Zijn geestelijke vermogens bleven achteruitgaan totdat ik 21 was en zijn vermogens zich miraculeus verbeterden."'
Ouder van een tiener

'Het kan heel frustrerend zijn en pijn doen als je tiener tegen je praat alsof je het vuil onder hun nagels bent en diezelfde tiener daarna heel aardig en "normaal" tegen haar vriendinnen hoort praten.'
Ouder van een tienermeisje

Effectieve communicatie kan soms verdomd lastig zijn, zelfs met zogenaamd rationele volwassenen. Dus denk niet dat het een uitdaging is om te praten met dat vat vol razende en rebellerende hormonen dat uw gevoelige tiener is. En helaas zijn er een heleboel lastige dingen te bespreken: seks, roken, huiswerk, geld, toekomstplannen, huishoudelijke karweitjes en drugs, om maar een paar van de meer omstreden onderwerpen te noemen. Het geeft u het gevoel dat u zich zou willen verstoppen in een doos om er pas uit te komen als ze het huis uit zijn.

U zult echter met uw tiener moeten praten, ook op momenten dat deze taak van herculische proporties lijkt te zijn, waardoor u er eigenlijk niet aan wilt beginnen. Echter, zonder een stevige gesprekslijn tussen u en uw tiener is de strijd verloren. Maar wanhoop niet, in dit hoofdstuk wordt u hulp aangeboden en wordt u veilig over het verraderlijke pad geleid dat praten met uw tiener kan zijn. We bieden u informatie aan uit de psychologische literatuur over taal en communicatie zodat u een goede en vruchtbare dialoog met uw puber tot stand kunt brengen en behouden, ook over de lastige onderwerpen.

Uit ons onderzoek bleek...

Hoe vaak praten tieners werkelijk met hun ouders? Is de norse puber een mythe? Helaas komt uit ons onderzoek naar voren dat de niet-communicatieve tiener maar al te zeer tot de werkelijkheid behoort. Ouders klagen dat hun tieners weinig tot niets over de volgende onderwerpen vertellen:

- 28% van de tieners vertelt de ouders weinig tot niets over hun hobby's en interesses.
- 36% van de tieners vertelt de ouders weinig tot niets over hun vrienden.
- 37% van de tieners vertelt weinig tot niets over hun toekomstdromen.
- 38% van de tieners vertelt de ouders weinig tot niets over school.
- 45% van de tieners vertelt de ouders weinig tot niets over hun zorgen of problemen.
- 74% van de tieners vertelt de ouders weinig tot niets over hun vriendjes/ vriendinnetjes.

Over het algemeen praten meisjes meer dan jongens. Een voorbeeld: 34% van de meisjes vertelt de ouders 'veel' over school vergeleken met slechts 20% van de jongens; 29% van de meisjes vertelt de ouders 'veel' over hun vriendschappen tegenover slechts 9% van de jongens.

Meer dan één manier om iets te zeggen

Filosofen en poëten hebben vaak lyrisch geschreven over het belang van woorden in onze communicatie met anderen. Confusius zei: 'Woorden zijn de stem van het hart.' Een andere wijsgeer stelde: 'Woorden kunnen een diepere wond veroorzaken dan stilte kan genezen.' Als je echter aan een psycholoog vraagt naar het belang van woorden in een communicatie, krijg je een heel ander beeld.

Volgens een eminent onderzoeker vormt de bijdrage van woorden aan de algehele impact van onze boodschap slechts 7%: de manier waarop we onze boodschap overbrengen (bv. op schelle, verontwaardigde toon of in staccato) heeft 38% invloed. Maar verreweg het belangrijkste deel van onze boodschap bestaat uit non-verbaal gedrag (bv. een houding waarbij we achteroverleunen met de armen over elkaar en met de handen gesticuleren), dat een aanzienlijke 55% aan de impact bijdraagt. De exacte mate van invloed van individuele factoren wordt door onderzoekers betwist, maar allemaal zijn ze het erover eens dat wat we zeggen niet de belangrijkste factor in onze communicatie met anderen hoeft te zijn.

Daarom is het belangrijk dat tijdens een gesprek met uw tiener uw lichaamstaal de juiste boodschap uitzendt. Meestal komen de signalen van onze lichaamstaal vanzelf en heeft de persoon tegen wie we praten geen twijfels over ons standpunt en onze gevoelens. Als we boos op tieners zijn, weten ze door onze zwaaiende arm en harde stem dat ze een grens hebben overschreden. Maar er zijn momenten dat u uw lichaamstaal moet verhullen, wil de boodschap goed overkomen. Stel, u bevindt zich in de volgende situatie: uw tiener komt op vrijdagavond twee uur te laat thuis, u hebt zich dodelijk ongerust gemaakt en u zou hem of haar het liefst gelijktijdig willen wurgen en knuffelen. Maar om duidelijk te maken dat uw puber een fout heeft begaan, is het niet zo effectief om tekeer te gaan.

Wees u bewust van de volgende aspecten van uw non-verbale communicatie en probeer die onder controle te houden, hoe u zich ook voelt:

- **Lichaamshouding**. Sla uw armen niet over elkaar, ook al is dat een fijne houding. Het creëert een barrière tussen u en uw tiener. En uw tiener neemt hierdoor een defensieve houding aan.
- **Handgebaren**. Probeer uw handen onder controle te houden. Wijs niet met een beschuldigende vinger. Maar helemaal geen handgebaren is ook niet goed.
- **Oogcontact**. Probeer het oogcontact te bewaren en niet van uw tiener weg te kijken, vooral niet als u zich teleurgesteld voelt. Maar probeer er ook geen staarwedstrijdje van te maken, want hierdoor dwingt u uw tiener weg te kijken en verflauwt de impact en inhoud van uw boodschap.
- **Afstand**. Mogelijk gaat u steeds dichterbij staan als u boos bent om er zeker van te zijn dat de boodschap goed overkomt. Dat kan als effect hebben dat u de persoonlijke ruimte van uw tiener binnendringt, waardoor uw puber zich op zijn minst onbehaaglijk gaat voelen (wat misschien uw bedoeling is maar wat de aandacht van de boodschap afhaalt, omdat uw kind zich dan meer bezighoudt met uw nabijheid dan met wat u zegt) en in het ergste geval achteruit blijft deinzen, wat tot een bizarre rondedans door de kamer leidt. Tegelijkertijd wilt u niet te veel afstand creëren, want dat kan de onbewuste boodschap afgeven dat u niet meer van uw kind houdt – en hoewel u dat op dat moment zo voelt, zullen er nog heel veel momenten komen die u niet door dit ene incident wilt laten bederven. Probeer de afstand tussen u en uw tiener dezelfde te laten zijn als tijdens een gewoon gesprek.

Het kader hierna geeft verder advies over het gebruik van non-verbale communicatie tijdens zeer gevoelige gesprekken met uw tiener.

Het gebruik van non-verbale communicatie

Bij nogal gevoelige onderwerpen is het belangrijk er alles aan te doen om uw tiener gerust te stellen. Waarschijnlijk is er geen moeilijker onderwerp om met uw puber te bespreken dan seks (zie Uit ons onderzoek bleek... in hoofdstuk 7 over hoe moeilijk ouders het vinden om hierover te praten). Misschien ziet u het als uw plicht om over dit lastige onderwerp te praten maar vindt u het tegelijkertijd heel erg moeilijk. En u kunt er zeker van zijn dat als u ongemakkelijk overkomt, tieners dit onmiddellijk merken. Dan kunnen er twee dingen gebeuren: zijn ze verlegen en teruggetrokken, dan gaan ze zich ook ongemakkelijk voelen en beweegt het gesprek zich in een neerwaartse spiraal naar een poel van ongemak waarin geen communicatie meer plaatsvindt. Maar hebt u echt pech en zijn zij meer door de wol geverfd dan u dacht, dan zullen ze u voor altijd genadeloos plagen over de dag dat papa/mama probeerde 'voorlichting te geven'! Op dat moment bent u blij dat u geleerd hebt uw lichaamstaal te beheersen.

Voordat u begint te praten, ademt u diep in. Als u dit niet doet, is uw stem minder krachtig en kan het gebeuren dat u begint met een pieperig stemmetje in plaats van de krachtige tenor die u zich had voorgenomen. Het oogcontact moet vast zijn maar niet te intens. Probeer niet over te komen alsof u hun ziel wilt doorgronden om hun diepste geheimen te ontdekken. Probeer ook niet steeds weg te kijken, want daarmee geeft u het signaal dat u zich ongemakkelijk voelt over het onderwerp.

Als u deze drie of vier basistechnieken beheerst, krijgt u een heel andere conversatie. U bent de situatie volledig meester en geeft geen negatieve boodschappen af wat betreft uw gevoelens over het onderwerp. Waarschijnlijk neemt uw tiener uw ontspannen en open houding over, zoals dat bijna altijd gaat bij twee mensen die in gesprek zijn, en ontstaat er een sfeer waarin uw puber zich op zijn gemak voelt om over het onderwerp te praten.

Hoewel non-verbale taal belangrijk is bij het overbrengen van uw boodschap, is het ook belangrijk dat u goed nadenkt over het verbale aspect, namelijk de woorden die u gebruikt. Als u weet dat u een gevoelig onderwerp voor uw tiener aansnijdt, kan het handig zijn om het gesprek te oefenen en na te denken over de woorden die u gaat gebruiken. Uit onderzoek is gebleken dat van ieder gesprek we het begin en het eind beter herinneren dan het midden: door een goede opening van een moeilijk gesprek te oefenen, heeft de rest van uw boodschap de beste kans van slagen. Ook bereikt u hiermee dat u niet gaat stotteren en hakkelen, vooral als het onderwerp nogal moeilijk of gevoelig ligt, wat de aandacht van uw zoon of dochter kan afleiden van de inhoud van wat u probeert te zeggen.

Als u nadenkt over de woorden die u gaat gebruiken, wilt u misschien ook de uitkomst horen van een psychologisch onderzoek dat enkele jaren geleden is gehouden. Het onderzoek was gebaseerd op de theorie van de psychologische reactantie, waar vaak (en misschien een beetje onjuist) naar wordt verwezen als omgekeerde psychologie. Onderzoekers pakten met twee methoden het probleem van graffiti aan. Bij de eerste methode plaatsten ze bordjes waarop stond: 'Graffiti verboden'. Bij de tweede methode plaatsten ze bordjes met: 'A.u.b. geen graffiti op deze muur'. Uit het onderzoek bleek dat de graffiti weliswaar niet helemaal verdween (het duurt een poosje voordat wonderen gebeuren), maar wel duidelijk minder werd bij gebruik van de laatste bordjes. De strekking is dat als gezegd wordt dat iets niet mag, en dus de persoonlijke vrijheid wordt bedreigd, er een grotere kans bestaat dat het juist wel wordt gedaan (vandaar het begrip omgekeerde psychologie). Dat betekent dat een gesprek met uw tiener een grotere kans van slagen heeft als u geen expliciete termen gebruikt, zoals zeggen dat iets niet mag. Dus in plaats van te zeggen: 'Je mag niet roken', kunt u beter zeggen: 'Je vader en ik zouden liever niet hebben dat je rookte.'

U kunt uw boodschap kracht bijzetten door het gebruik van *emotie en bewijsmateriaal*. Door aan uw tiener duidelijk te maken dat zijn of haar gedrag u ongerust maakt, geeft u de keus tussen u ongerust maken en niet ongerust maken. Hoewel de meeste tieners hun grenzen willen verkennen en van alles willen uitproberen, zal op de lange duur de combinatie van de twee bovenstaande technieken een gunstig effect hebben. Door aan het bovenstaande voorbeeld emotie toe te voegen, wordt de boodschap ongeveer zo: 'Je vader en ik zouden liever niet hebben dat je rookte omdat het ons ongerust maakt.' Het rechtstreeks uiten van gevoelens en behoeften tijdens een gesprek is de beste manier om uw kind te laten weten wat zijn of haar gedrag met u doet.

De boodschap kan nog sterker worden overgebracht door er feiten aan toe te voegen, zoals de gevaren van roken, onbeschermde seks of drugsgebruik. Informatie over de gevaren van bepaald gedrag kunt u vinden op internet. Door onderzoek te doen voordat u een gesprek aangaat, kunt u de boodschap beter overbrengen. In bovenstaand voorbeeld zou u het gesprek met uw tiener kunnen beginnen door te wijzen op de gevaren van roken: 'Je vader en ik zouden liever niet hebben dat je rookte omdat het ons ongerust maakt als je je gezondheid op het spel zet. We hebben het opgezocht en volgens de cijfers wordt de kans op het ontwikkelen van longkanker vermenigvuldigd met factor tien tot twintig. We begrijpen dat het jouw leven is, maar we maken ons zorgen om je.' Als u daarna vraagt wat uw tiener daarvan vindt, hebt u vermoedelijk de weg geopend naar effectieve communicatie. Wees niet bang om uw tiener te vragen het onderwerp te onderzoeken (met het medium dat uw kind wil – waarschijnlijk internet) en u te laten weten als hij of zij het eens of oneens is met uw bevindingen over het onderwerp.

Nu we het over meningsverschillen hebben: zeer waarschijnlijk is uw puber het met de meeste beslissingen van u niet eens. Hoe u met deze meningsverschillen omgaat, is belangrijk voor de kwaliteit van de gesprekken met uw tiener op de lange duur. Wees niet bang om hen kritisch over onderwerpen te laten nadenken. Als u redenen geeft voor een besluit (bijvoorbeeld het uur wanneer ze door de week 's avonds thuis moeten zijn) en hen uitnodigt om de voors en tegens van uw besluit tegen elkaar af te wegen en een goed tegenargument te geven, krijgen tieners het gevoel dat ze worden betrokken bij de beslissingen die hen aangaan.

Het is duidelijk dat er veel manieren zijn om de communicatie met uw tiener te bevorderen, hoewel sommige methoden die in dit hoofdstuk worden genoemd geschikter zijn voor oudere tieners. Natuurlijk is het altijd zinvol om te blijven zoeken naar wat u kunt toevoegen aan uw arsenaal aan communicatiemiddelen.

Een andere misschien wat subtielere manier om een boodschap over te brengen is uw eigen gedrag – soms zegt dat veel meer dan woorden. Als u bijvoorbeeld zelf rookt, is uw boodschap aan uw tiener om te stoppen met roken aan dovemansoren gericht, hoe dramatisch u het ook brengt (en soms zullen onze tieners druk uitoefenen op ons om te stoppen).

Niet alle communicatiemiddelen zijn even geschikt voor een bepaalde situatie. Als u tegen uw tiener zegt dat het belangrijk is om onafhankelijk te worden, te beginnen op financieel vlak, hoeft u niet per se zelf een krantenwijk te nemen om uw punt te illustreren, of, als u het over de bloemetjes en de bijtjes hebt…! In deze gevallen zijn woorden echt genoeg. En als dat niet zo is, kunnen we er nog een communicatiemiddel aan toevoegen: de omgeving. Voor alles is een tijd en een plaats.

Het gebruik van de omgeving – een gesprek plannen

Als u niet de precieze tijd en plaats uitkiest om met uw tiener te praten, zullen uw zorgvuldig gekozen woorden en boodschap hun uitwerking verliezen. Uw redevoering verdient misschien alle lof, maar als uw tiener heerlijk voor de tv zit en helemaal in beslag genomen wordt door een soap of andere serie, zijn uw verzoeken of wijze woorden inderdaad aan de spreekwoordelijke dovemansoren gericht.

Kies voor een neutrale locatie (misschien de keuken) of, als u zich heel dapper voelt, hun eigen grondgebied (zoals het nest waar ze iedere ochtend met moeite uitrollen). Probeer zo veel mogelijk beladen plekken te vermijden zoals uw eigen slaapkamer wanneer u een persoonlijk gesprek aangaat over seks. Zulke plekken belemmeren een open dialoog en maken dat uw tiener zich defensief opstelt en alleen nog maar bezig is om zo snel mogelijk de kamer uit te komen.

Ook is het belangrijk om ervoor te zorgen dat u niet gestoord zult worden. Zoals door broertjes of zusjes, familie, verkopers aan de deur en andere ongewenste bezoekers. Niets is erger dan, als u net de juiste mate van ernst hebt bereikt om de slechte rapportpunten te bespreken, dat Snorretje de huiskat stiekem de kamer binnentrippelt en op het cruciale moment van uw betoog komisch op uw schoot springt.

Een goede timing is heel belangrijk. Als u bedenkt wat u tegen uw tiener gaat zeggen, moet u tevens inschatten hoelang het gaat duren, zodat er voldoende tijd overblijft om er samen over te discussiëren. Als u schat dat het een half uur duurt, verdubbel dit dan om er zeker van te zijn dat er voldoende tijd overblijft (we zijn heel slecht in het schatten van tijd). Dat betekent dat, als u een gesprek met uw tiener plant over het belang van een bijbaantje, u dit niet in de pauze van een tv-film moet persen of in de rustpauze van een voetbalwedstrijd waar zij naar kijken. Ook hebt u misschien meer dan één gesprek nodig voor de wat moeilijker onderwerpen.

Flexibiliteit ten aanzien van de timing is ook belangrijk. Als u hebt gepland om na schooltijd met uw tiener te praten, is het handig om eerst hun stemming te peilen wanneer ze thuiskomen. Merkt u dat ze niet zo ontvankelijk zijn en snel geïrriteerd raken na een slechte dag op school, dan kunt u het gesprek beter uitstellen, aangenomen dat het kan wachten. Volgens de psychologie zijn we ontvankelijker voor de inhoud van een boodschap als we in een goede stemming zijn en dat geldt ook voor uw tiener.

Zoals u ziet, zijn er veel factoren om rekening mee te houden wanneer u een gesprek plant. Over het algemeen luidt het advies dat u met zorg uw arsenaal aan communicatiemiddelen moet uitkiezen en behoedzaam moet zijn in de keuze van plaats en tijd.

Natuurlijk is praten slechts een manier om met uw tiener te communiceren. Het is ook belangrijk om te luisteren. Twee heel populaire zinnen die een tiener vaak tegen zijn ouders zegt, zijn: 'Je luistert nooit' en 'Je begrijpt me niet'. Luisteren is een onderschatte vaardigheid die lastig is om zich eigen te maken, maar goed kunnen luisteren leidt tot een beter begrip.

Luister naar me...

We willen allemaal graag geloven dat we heel goed kunnen luisteren, maar waarschijnlijk zijn we niet zo goed als we denken. Onderzoek toont aan dat we een beperkte aandachtsboog hebben en dat we snel afgeleid worden door andere gedachten. Hier volgen zeven tips:

1 Probeer elke keer dat u met uw tiener praat iets nieuws over hem of haar te weten te komen. Naarmate tieners ouder worden, wordt dit steeds lastiger, wat betekent dat u heel goed moet luisteren naar wat ze zeggen en bereid moet zijn te zoeken naar wat verborgen ligt in hun terloopse opmerkingen. Het kan iets kleins zijn, zoals het noemen van een onbekende naam van iemand op school die u nog niet eerder gehoord hebt, of iets dat belangrijker is, zoals het vermelden van een nieuwe hobby die ze graag zouden gaan doen.

2 Concentreer u op wat uw tiener zegt en laat u niet afleiden door uw eigen gedachten. Als uw tiener bijvoorbeeld uit school komt in een praatgrage stemming en u zit midden in een werkopdracht of bent bezig met de rekeningen, dan is het moeilijk om u te concentreren op zijn of haar woorden en niet afgeleid te worden door uw eigen zorgen. Ook kunnen de opmerkingen van uw tiener leiden tot herinneringen aan uw eigen tienertijd en voor u het weet, domineert u het gesprek met uw eigen leuke anekdotes. Hoewel het goed is om die te vertellen, moet u er ook van bewust zijn dat uw tiener misschien iets belangrijks wilde vertellen, dus pas op met het overnemen van het gesprek. Soms is het goed om de ander gewoon te laten praten.

3 Laat merken dat u hebt geluisterd. Er zijn twee goede manieren om dit te doen: reflectie en vragen stellen. Bij reflectie herhaalt u wat uw tiener zojuist heeft gezegd, maar dan in iets andere woorden. Vertelt uw tiener bijvoorbeeld over de ongelofelijke voetbalprestatie van vriend Tom, dan kunt u laten merken dat u hebt geluisterd door zoiets te zeggen als: 'Dus Tom was behoorlijk actief op het veld, hé? Misschien wordt hij nog weleens prof...' Maar overdrijf niet – een samenvatting aan het eind van het verhaal is voldoende. Denk niet dat u na iedere zin iets moet zeggen. Ook door vragen te stellen, laat u zien dat u hebt geluisterd. Het is tenslotte niet gemakkelijk om een vraag te stellen als u niets hebt gehoord van wat er verteld is. Dus uw vraag of uw tiener denkt dat Tom kans maakt om prof te worden, is waarschijnlijk een heel goeie. Wees niet bang te vragen om meer informatie. Als u bijvoorbeeld geen woord van wat er is verteld hebt begrepen, ook al hebt u uw onverdeelde aandacht gegeven, laat u door een vraag zien dat u wel betrokken bent. Maar verwacht niet dat u altijd uitleg krijgt! Soms kunnen vragen echter een beetje opdringerig zijn. U moet de verleiding weerstaan om echt alles van uw tiener te willen weten, zoals wat uw tiener denkt en van plan is. Laat zien dat u uw tiener vertrouwt.

4 Probeer geen advies te geven, behalve wanneer erom gevraagd wordt. Als uw kind vertelt over situaties op school die u als tiener ook hebt meegemaakt, moet u er niet van uitgaan dat dit uw kans is om advies te geven. Dat is het vermoedelijk niet en uw advies wordt waarschijnlijk helemaal niet gewaardeerd. Stel wel vervolgvragen als u vindt dat dit kan (gezien de waarschuwing bij punt 3), zoals: 'Hoe vond je dat?' Daarmee krijgt uw kind de gelegenheid om hulp te vragen. Maar vertrouw erop dat uw kind het zelf wel kan oplossen als het niet om hulp vraagt.

5 Probeer u aan te passen aan de stemming van uw tiener. Als uw kind in een goede stemming thuiskomt en graag wil praten, maar u hebt een slechte dag gehad, is dat niet gemakkelijk. Een goede communicatie wordt echter bevorderd door de stemming van uw tiener te weerspiegelen.

6 Streef naar empathie, niet naar sympathie. Vermijd, als uw kind aan u zijn problemen vertelt (wat uw tiener, als u goed hebt leren luisteren, uiteindelijk zal durven), het tamelijk nietszeggende: 'Jee, arme jij.' Probeer in plaats daarvan u in te leven en stel u voor hoe uw kind zich voelt. Dan zegt u waarschijnlijk het juiste. Maar natuurlijk zegt een omhelzing soms meer dan woorden.

7 Probeer na te denken voordat u iets zegt. Na geluisterd te hebben (zo nodig lang), is het heel gewoon dat u iets wilt zeggen. Maar zorg er wel voor dat u er niet zomaar iets uitflapt, vooral niet als uw tiener iets traumatisch heeft verteld of iets waarvoor hij of zij zich schaamt. Tel in plaats daarvan tot vijf en denk na over wat u gaat zeggen.

Andere obstakels die communicatie in de weg staan

Ook al hebt u veel geleerd om een positieve communicatie tussen u en uw tiener tot stand te brengen, toch zijn er nog andere obstakels waar u zich van bewust moet zijn en die u moet proberen te vermijden:

● Maak geen kleinerende opmerkingen. Hoe razend uw tiener u soms ook maakt, u moet het hoofd koel houden en geen dingen zeggen die nergens toe leiden. Dat zijn zinnen als 'Dat is onzin' en 'Je weet niet waar je het over hebt'. Dat kan waar zijn, maar het bevordert de communicatie tussen u en uw tiener absoluut niet.

● Geef geen bevelen of voorschriften. Misschien bent u van mening dat de macht in de relatie tussen u en uw tiener sterk in uw voordeel is en dat is ongetwijfeld waar. Maar taal gebruiken die deze positie versterkt, kan heel contraproductief werken. Het heeft geen zin tegen uw zoon bijvoorbeeld te zeggen dat hij zijn kamer moet opruimen of tegen uw dochter dat ze niet meer zakgeld krijgt, gewoon 'omdat ik het zeg'. Probeer een reden te geven voor de beslissingen die u neemt, zodat uw tiener uw motieven kan leren begrijpen en uiteindelijk leert begrijpen wat uw basisprincipes zijn.

Dit hoofdstuk ging vooral over de communicatie met uw tiener over grote onderwerpen. Maar ook tijdens de alledaagse bezigheden is het belangrijk om goede gesprekken te houden. Dat zou u zo kunnen doen:

● Probeer als u met uw tiener praat, bijvoorbeeld tijdens het eten of tv-kijken, eens een ander gespreksonderwerp te kiezen. Het is gemakkelijk om het altijd over dezelfde dingen te hebben, zoals hoe het op school ging, welke karweitjes ze nog moeten doen, wat hun toekomstplannen zijn of wat ze gaan doen tijdens de schoolvakantie. Als er een goede sfeer hangt, kan het leuk zijn om af en toe te praten over hun gevoelens, ideeën of projecten. Als ze heel ontvankelijk zijn, zou u hen zelf een gespreksonderwerp kunnen laten kiezen – dat geeft hun een gevoel van mondigheid.

● Wees niet bang om te prijzen – daar kan uw tiener waarschijnlijk nooit te veel van krijgen. Als u bijvoorbeeld over iets actueels praat en uw tiener heeft daar een interessante kijk op, zeg dan dat u vindt dat uw kind een heel goede mening heeft, of dat u niet wist dat uw kind zo goed op de hoogte was. Het geeft een stukje zelfvertrouwen (wat, zoals in vorige hoofdstukken is uiteengezet, alleen maar goed is).

● Blijf niet met een strak gezicht kijken als uw tiener een grap maakt, maar lach. Het moet wel gemeend zijn, dus forceer het niet als de grap echt niet grappig is. Hierdoor wordt het zelfrespect groter en voelt uw kind zich meer op zijn gemak om met u te praten. Op een andere manier invoelend zijn, zoals eerder beschreven, heeft hetzelfde effect en is de hoeksteen van de communicatie met uw tiener.

Het is de moeite waard om u de communicatietechnieken uit dit hoofdstuk eigen te maken. Ze kunnen namelijk goed van pas komen als u te maken krijgt met de specifieke onderwerpen die in latere hoofdstukken besproken worden.

HOOFDSTUK 4

TRANEN EN WOEDE-UITBARSTINGEN

Zelfs de meest optimistische ouder is het ermee eens dat een conflict met hun tiener onvermijdelijk is. Dat kan over relatief kleine zaken gaan zoals de rommel in hun slaapkamer, of grotere zaken zoals de onbehoorlijke ongeïnteresseerdheid (tegenover u) van hun nieuwste vriendje of vriendinnetje. Dit hoofdstuk laat u zien dat zulke conflicten gewoon bij de puberteit horen. Daarmee voelt u zich misschien geen haar beter, maar wel met onze tips over hoe u opgewassen blijft tegen uw ongedurige puber. Lees verder en u vraagt zich af hoe u het vroeger ooit voor elkaar hebt gekregen.

Waarom conflicten met tieners onvermijdelijk zijn – maar ook gezond

Bij tieners horen conflicten met ouders. De overgang van een lief aanhankelijk kind naar een puisterige puber vol hormonen brengt vele uitdagingen met zich mee. Dat komt omdat uw tiener worstelt met het veranderende bewustzijn van de eigen identiteit. Een conflict kan om vele redenen losbarsten, zoals:

● **De behoefte aan onafhankelijkheid.** Opgroeien betekent de overgang van een afhankelijk kind naar een onafhankelijke volwassene en uw tiener zit daar ergens tussenin. Soms smachten tieners naar onafhankelijkheid, maar andere keren zoeken ze veiligheid en willen ze nog even klein zijn. Het probleem is dat hun verlangen naar onafhankelijkheid vaak niet samenvalt met wanneer u vindt dat het kan. En zij vallen in de kindertijd terug als u van hen verwacht dat ze groot zijn en zich gedragen naar hun leeftijd.

● **Verzet tegen gewoonten.** De afgelopen tien jaar vond uw kind het misschien leuk om aan familierituelen deel te nemen, zoals de zondagse lunch of het bezoek aan familie, maar plots lokken die activiteiten nu felle protesten uit. Dat komt omdat tieners nu de behoefte hebben om nieuwe dingen te ervaren en hun repertoire willen uitbreiden naar alles wat het leven te bieden heeft. Bovendien zijn familierituelen in hun zich snel ontwikkelende geest verbonden met hun kindertijd en dat is een mantel die ze nu van zich af willen werpen.

● **De heel belangrijke behoefte om grenzen te verkennen.** Tieners hebben een ontluikend bewustzijn van de eigen identiteit. Ze worden een op zichzelf staand individu, apart van hun ouders, en ze voelen de behoefte om dat tot uiting te brengen. Een manier waarop ze dit doen, is door de grenzen te verleggen die door hun ouders bepaald zijn. In feite zeggen ze: 'Ik ben anders dan jij, ik ben een eigen persoon.'

● **Ze willen laten zien dat ze groot zijn geworden.** Heel veel conflicten tussen ouders en tieners ontstaan omdat tieners dingen willen doen die hun ouders nog niet geschikt voor hen vinden. Ouder worden is voor een tiener cool (totdat ze hun eerste litteken oplopen), dus hoe sneller ze volwassen worden hoe beter. Door 'volwassen' dingen te doen, voelen ze zich belangrijk, zich serieuzer genomen en krijgen ze de vrijheid waarnaar ze verlangen.

● **Hun rebellerende hormonen.** De emoties van een tiener willen zich gewoon niet gedragen. De ene minuut zijn ze sentimenteel en gevoelig en het volgende moment zijn ze agressief en opstandig. De nuances en complexiteit van emoties zijn voor tieners een buitenaards landschap, dus zijn ze werkelijk niet in staat om ze onder controle te houden zoals volwassenen dat kunnen (tenminste, zoals verwacht mag worden). Voor een kind zijn emotionele ervaringen meer zwart-wit, maar als eenmaal aan het begin van de puberteit de hormonencocktail vrijkomt, wordt alles heel verwarrend. Naarmate tieners steeds meer in de greep van de puberteit komen, worden gevoelens als jaloezie, onrechtvaardigheid en liefde veel meer uitgesproken en zetten de wereld zoals zij die kennen op zijn kop. Meer over puberteit leest u in hoofdstuk 7.

● **Moeite om hun behoeften te communiceren.** Goed kunnen communiceren is een vaardigheid die we ons eigen moeten maken, dus is het niet zo gek dat tieners op dit terrein tekortschieten. Onderhandeling, conflictoplossing en assertiviteit bijvoorbeeld, worden pas echt geleerd door een rijke levenservaring (of heel dure cursussen). Meer over communiceren met uw tiener leest u in hoofdstuk 3.

● **Alles wordt persoonlijk opgevat.** Tieners zijn heel gevoelig en zoeken veel te veel achter de kleinste onschuldige gebeurtenis. U kookt bijvoorbeeld een maaltijd die zij niet lusten en zij pakken dit op als een teken dat u meer van hun broer of zus houdt dan van hen. Of u vindt het niet goed dat ze later thuiskomen en zij beschuldigen u ervan dat u hen niet vertrouwt. Soms kan het lijken dat ze alleen maar naar een excuus zoeken om ruzie te maken. Een reden dat ze dit doen, is dat ze nog te weinig levenservaring hebben om de dingen in hun context te plaatsen en om ogenschijnlijke afwijzingen niet persoonlijk op te vatten.

Dit waren de belangrijkste redenen waarom een conflict met uw tiener onvermijdelijk is. Maar voordat u uw hoofd van wanhoop tegen de dichtstbijzijnde muur slaat, kunt u misschien een klein beetje troost putten uit de wetenschap dat veel deskundigen van mening zijn dat conflicten gezond zijn. Wanneer tieners de mogelijkheid krijgen in een veilige omgeving te leren onderhandelen, hebben ze daar later voordeel van. In het begin van de puberteit kunnen conflicten gepaard gaan met slaande deuren en stampende voeten (en uw tiener zal zich ook niet geweldig gedragen!). Maar tegen het einde van de puberteit zijn hun overredingstechnieken vermoedelijk geraffineerder (en smacht u misschien naar de terugkeer van de tijd met de slaande deuren).

Nog een reden waarom conflicten gezond zijn voor tieners (en ook voor u) is dat het een uitlaat is voor al die opgekropte puberemoties die als een geiser dreigend borrelen en wachten op een uitbarsting. Deskundigen zeggen dat het onderdrukken van emoties schadelijk is voor de gezondheid en in tegenstelling tot wat ouders denken, gaan ze niet vanzelf over. Het is veel beter om ze in een gecontroleerde omgeving eruit te laten komen dan dat jongeren een andere uitlaat zoeken die veel destructiever is.

Dus de volgende keer dat uw tiener vloekt en tiert omdat de favoriete pasta op is, kunt u geruststellend tegen uzelf zeggen dat uw kind hiermee weer een stapje dichter bij de volwassenheid is gekomen. Dat hoopt u tenminste.

Veelvoorkomende conflicten

We hebben het hierboven gehad over de redenen dat er conflicten zijn en gaan het nu hebben over de meest voorkomende aanleidingen ervan. Want als u weet waar andere ouders met hun tieners over ruziën, weet u dat uw relatie met uw tiener gelukkig normaal is.

Wat zijn de voornaamste aanleidingen tot conflicten tussen ouders en tieners?

Aan 170 ouders vroegen we wat hun top drie van conflictoorzaken was. Hier volgen de bevindingen in volgorde van populariteit:

- Troep in de slaapkamer – 30% van de ondervraagden
- Huiswerk – 26%
- Houding/gebrek aan respect – 24%
- Tijd achter de computer/aan de telefoon – 15%
- Geld uitgeven/vragen om geld – 12%
- Karweitjes doen – 10%
- Persoonlijke hygiëne – 9%
- Ruzie met broers en zussen – 9%
- Te laat thuiskomen – 8%
- Te laat opstaan/te laat naar bed gaan – 8%
- Tv (te veel kijken/te hard etc.) – 8%
- Eten (te veel junkfood/niet genoeg eten) – 7%
- Vloeken/grove taal – 6%

Andere conflictoorzaken zijn: niet aan de ouders vertellen waar ze naartoe gaan, slecht humeur, drugs/alcohol/roken, harde muziek, niet voldoende met de ouders communiceren en vriendschappen.

Conflictbenadering

Test uzelf – hoe gaat u om met conflicten met uw tiener?

Kruis de zinnen aan die van toepassing zijn:

- Het is belangrijk dat mijn tiener respect voor mij toont tijdens een onenigheid.
- Het is voor mij belangrijk om te laten zien dat ik gelijk heb.
- Mijn tiener heeft zelden gelijk.
- Onenigheid met mijn tiener loopt altijd uit op een fikse ruzie.
- Ik verhef altijd mijn stem als ik het oneens ben met mijn tiener.
- Mijn tiener stormt altijd de kamer uit tijdens een ruzie.
- Ik lijk altijd een fikse ruzie te hebben met mijn tiener.
- Het voelt vaak alsof mijn tiener mijn vijand is.
- Mijn tiener beschuldigt mij er vaak van dat ik tijdens een ruzie niet luister.
- Er komt vaak oude wrok naar boven tijdens onze ruzies.

Hoe meer zinnen u hebt aangekruist, hoe meer er gewerkt moet worden aan uw conflictoplossende vaardigheden (en hoe meer u waarschijnlijk een typische ouder bent). Hieronder staan goede manieren om om te gaan met conflicten met uw tiener.

Manier 1: Vermijd 'negatief effect van reciprociteit'

Deze nogal dure term betekent eenvoudig dat wanneer uw tiener beledigingen en beschuldigingen naar uw hoofd slingert, u de zeer menselijke neiging moet onderdrukken om direct lik op stuk te geven. Het is het menselijke instinct om zich te verdedigen bij een aanval, maar het werkt altijd contraproductief, vooral bij uw tiener. Bedenk dat uw puber u mogelijk test (zie de redenen hierboven waarom er conflicten zijn), dus voed de onzekerheden niet door uw kind een reden te geven om aan uw liefde te twijfelen. Het is moeilijk om kalm te blijven en alles over u heen te laten komen, maar even de tanden op elkaar zetten is misschien voldoende om het conflict effectief op te lossen. Dit is een de-escalatietechniek.

Manier 2: Probeer 'volwassen' te blijven

De transactionele analyse is een benadering waarbij ervan wordt uit-gegaan dat er drie rollen zijn waaruit we kunnen kiezen tijdens onze transacties of interacties. We kunnen de volwassene, de ouder of het kind zijn. De rol van kind betekent dat u handelt als een kind, bijvoor-beeld humeurig, onlogisch, emotioneel, en gedrag vertoont dat bij een vijfjarige past. Ook volwassenen kunnen heel gemakkelijk in deze rol vervallen. Uw tiener laat vermoedelijk kindgedrag zien maar probeert ondertussen wanhopig 'volwassen' te zijn. 'Volwassen' zijn betekent dat u een gelijke relatie probeert te behouden met uw tegenstander, terwijl het in de rol van 'ouder' zaak is dat u uw superioriteit demonstreert in macht en kennis. De meeste conflicten draaien om de ouder in de ou-derrol en de tiener in de kinderrol. Maar een succesvolle uitkomst wordt aannemelijker als zowel u als uw tiener de 'volwassene' kan worden.

Maar hoe verandert u uw dwarse tiener in een 'volwassene'? De beste manier is zelf 'volwassen' te blijven: als u in de rol van 'ouder' stapt, is het voor uw tiener heel moeilijk om uit de responsieve 'kinder-rol' te stappen. Dus hoe blijft u 'volwassen'? Dit doet u door kalm te blijven, het 'negatieve effect van reciprociteit' te vermijden (zie boven), hen niet te behandelen als een kind, niet patroniserend of neerbuigend te zijn en te zoeken naar rationele oplossingen in plaats van emotionele punten te willen scoren.

Manier 3: Het gebruik van de-escalatietechnieken

De-escalatietechnieken hebben als effect dat het vuur gedoofd wordt in plaats van de vlam aangewakkerd. Ruzies escaleren vaak omdat beide partijen reageren met een steeds hardere stem, zwaardere beschuldigingen of kwetsende opmerkingen. Bij de-escalatie hoort verontschuldiging en instemming. Beide technieken nemen tieners de wind uit de zeilen: als zij zich opmaken voor een nieuwe woedeaanval, bent u hen met een rustig 'sorry' of 'je hebt gelijk' net te vlug af.

Deze strategie betekent niet dat u capituleert; u zorgt er alleen maar voor dat de emoties tot bedaren komen om een gesprek van 'volwassene tot volwassene' mogelijk te maken. Meestal is er wel iets waar u het mee eens kunt zijn of waar u zich voor kunt verontschuldigen zonder te zwichten. U kunt bijvoorbeeld erkennen dat u niet boos had moeten worden of niet had moeten schreeuwen. Hopelijk de-escaleert de situatie hiermee voldoende om een discussie mogelijk te maken.

Een andere de-escalatietechniek die verwarring zaait, bestaat eruit iets geks of ongewoons te doen. U pakt bijvoorbeeld plotseling een banaan van de fruitschaal, gebruikt die als microfoon en gaat uw favoriete liedje uit de *Sound of Music* zingen. Of u geeft op de keukenvloer een imitatie van Fred Astaire/Ginger Rogers. Nou ja, u snapt het wel. Alles waarmee u uw tiener de pas afsnijdt (maar waarmee u niet naar het gekkenhuis gebracht wordt) en dat de woede lang genoeg doorbreekt om de situatie te kalmeren.

Manier 4: Het gebruik van humor

Met humor moet uiterst voorzichtig omgegaan worden. Als u humor goed gebruikt, is het een heel sterk middel om een mogelijk explosieve situatie te kalmeren. Maar humor kan ook een averechtse uitwerking hebben omdat uw tiener denkt dat u iets belangrijks trivialiseert. De truc is om humor slechts spaarzaam te gebruiken (en *nooit* sarcastisch te zijn) en het zo te doen dat u in de situatie iets grappigs bespeurt waar u beiden om kunt lachen. Dat kan bijvoorbeeld op een moment zijn dat u over uw woorden struikelt, of u verwijst naar een tv-fragment of familiegrapje dat op dat moment veel gebruikt wordt. Humor doorbreekt de aanzwellende woede doordat het een time-out geeft waarin iedereen weer tot rust kan komen.

Manier 5: Time-out

Dit is het inlassen van een pauze om afstand te creëren tussen u en uw woedende tiener in de hoop dat in ieder geval een van beiden is gekalmeerd tegen de tijd dat u op het onderwerp van het conflict terugkomt. U kunt bijvoorbeeld zeggen dat u het ermee eens bent dat er een oplossing moet komen, maar dat u er eerst over wilt nadenken voordat u reageert. Daarna spreekt u samen een tijd af waarop u er verder over doorpraat.

Een eensgezind front vormen

Tieners zijn niet dom en leren al heel jong dat 'verdeel en win' een strategie is die werkt als al het andere heeft gefaald. Voor de niet-ingewijden: dit is wanneer (in het voorbeeld van een tweeoudergezin) mama nee zegt en de kleine slimme aap vervolgens naar papa stapt, die niets weet van de context of van mama's beslissing (en bovendien begint zijn favoriete tv-programma bijna) en onmiddellijk toestemt waarna de hel losbreekt tussen mama en papa. U ziet het voor u.

Uiteraard kan dit verergeren als u gescheiden bent en niet meer met uw partner samenwoont. Als u een eenoudergezin hebt, kan het gebeuren dat u gezien wordt als de ouder die altijd nee zegt en hebt u te maken met meerdere volwassenen, zoals grootouders of nieuwe partners, die uw tiener tegen u kan uitspelen.

Dus hoe gaat u om met de 'verdeel en win'-strategie? U kunt ofwel een beslissing uitstellen zodat u kunt overleggen met de andere helft of, nog beter, de regel instellen dat als een kind aan een ouder iets vraagt terwijl de andere ouder al een antwoord heeft gegeven, het automatisch een nee te horen krijgt (en er gekort wordt op het zakgeld). Communicatie is heel belangrijk als u niet meer met de andere ouder samenleeft, om te voorkomen dat uw tiener u beiden tegen elkaar blijft uitspelen. Het is noodzakelijk om wrok die u mogelijk voor uw ex-partner voelt opzij te zetten en zo eensgezind mogelijk te zijn wat ouderlijke beslissingen betreft. Als u uw kind de kans geeft op deze manier te krijgen wat het wil, zal dit uiteindelijk schadelijk zijn voor de relatie met uw kind en voor zijn of haar sociale ontwikkeling. Iemand die denkt alles naar zijn hand te kunnen zetten door anderen tegen elkaar uit te spelen, krijgt later in het volwassen leven problemen om vertrouwensrelaties op te bouwen. Het is veel beter nu heel strikt te zijn, zodat uw kind er later profijt van heeft.

Dat is allemaal goed en wel als u het samen eens bent, maar het is onvermijdelijk dat u en de co-opvoeder van uw tiener het niet altijd eens kunnen worden over belangrijke onderwerpen. Misschien doet u

niet moeilijk over de tijden die uw tiener aanhoudt tijdens een school-
week, maar vindt uw partner 23 uur een mooie bedtijd; of misschien
wilt u niet dat uw tiener 'in die kleren' uitgaat, maar vindt uw partner
die kleren cool en trendy. De beste manier om met zulke situaties om te
gaan, is voorkomen in plaats van genezen. Hopelijk weet u van elkaar
hoe u over belangrijke onderwerpen denkt voordat ze aan de orde zijn
en kunt u het samen eens worden over de houding die u aanneemt.

Natuurlijk is dit de ideale gang van zaken, maar het is heel goed
mogelijk dat zich plotseling iets voordoet dat u verrast en u niet de kans
hebt erover na te denken. In zo'n geval moet u de tijd nemen om er
samen met uw ex-partner over te praten en geen haastige beslissingen
nemen (ook al wil uw ongeduldige tiener nu een antwoord). En dit
moet u doen zonder dat uw tiener erbij is en mogelijk getuige wordt
van tranen en woede-uitbarstingen, want dat kan u in zijn of haar ogen
zwakker maken (vooral als u dol bent op het smijten met borden!).

Het gebruik van grondregels, gedragscontracten en andere technieken van tienermanagement

Hoewel tranen, woede-uitbarstingen en conflicten onvermijdelijk zijn
met een puber in huis, is er een aantal manieren om dat tot een mini-
mum te beperken. Net zoals bedrijven duidelijke gedragsregels hebben
om ongewenst personeelsgedrag te beperken (zoals roken waar het
niet mag, te weinig werken, of zich meer dan alleen maar Post-its en
paperclips toe-eigenen), zou ook een effectieve ouder zulke manage-
mentstrategieën moeten hebben.

Net als op het werk begint een goed disciplinair beleid met *duidelijke grondregels*. Zoals:

● Een avondklok (zowel door de week als tijdens het weekend/de vakantie).

● Consequenties als de afgesproken avondklok overschreden wordt: die moeten duidelijk gespecificeerd en bij alle partijen bekend zijn.

● Gedrag thuis, zoals geen beschimmelde koffiekopjes in de slaapkamer laten.

● Huishoudelijke karweitjes.

● Beloningssystemen, zoals zakgeld.

● Gasten – wie, wanneer, waar en hoeveel.

● Computergebruik en tv – wanneer, hoe lang etc.

● Balans huiswerk/sociaal leven – wat moet er gedaan zijn vóór het uitgaan, tv-kijken etc.

● Het gebruik van de telefoon en het mobieltje – of dit onbeperkt mag, beperkt, wie betaalt etc.

● U laten weten waar uw tiener uithangt – het is belangrijk dat het voor iedereen duidelijk is wanneer uw tiener zich bij u moet 'inchecken' (en misschien ook wanneer u incheckt bij uw tiener).

● Het gebruik van de auto – als dit van toepassing is.

● Het lenen van spullen – of ze gebruik mogen maken van de inhoud van uw kledingkast, centenpot of cd-collectie.

● Eten – of er onbeperkt uit de koelkast/voorraadkast gepakt mag worden.

Uit ons onderzoek bleek...

Straffen die ouders hun tieners het meest opleggen, zijn:

● Huisarrest – 40,5%

● Beperking van het computergebruik – 40%

● Geen zakgeld – 29%

- Geen traktatie – 28%
- Beperkt tv-kijken – 23%
- Het geven van meer karweitjes – 17%
- Beperking van het gebruik van het mobieltje – 16%
- Beperking van het gebruik van de vaste telefoon – 12%

Misschien hebt u andere regels nodig, maar hiermee hebt u alvast een idee. Belangrijk is dat u zich strikt en consequent aan de grondregels houdt. Als u dat niet doet, zal uw tiener heel snel uw zwakke plekken ontdekken en voordat u het weet, zijn uw grondregels uitgehold.

Een andere goede strategie voor tienermanagement is een **gedragscontract.** Dat maakt van de grondregels meer tweerichtingsverkeer, omdat u beiden instemt met het gedrag dat wordt verwacht. Op het werk is dit hetzelfde als het arbeidscontract, waarin u belooft zich op een bepaalde manier te gedragen in ruil voor de verwachting dat uw werkgever u op passende wijze beloont. Voor u en uw tiener kan het erom gaan dat u beiden ermee instemt elkaar met respect te behandelen en te luisteren naar elkaar, elkaar te informeren over waar iemand zich bevindt, elkaars slaapkamer en privacy te respecteren, enzovoorts. Voor sommigen is een belofte voldoende, maar anderen kunnen het nodig hebben om daadwerkelijk een contract te ondertekenen.

Actieplannen zijn een andere manier om ervoor te zorgen dat uw tiener de regels nakomt. Hierbij gaan u en uw tiener om de tafel zitten en stelt u samen een schema op van wat er van uw tiener verwacht wordt en wanneer. Dit is vooral handig om uw weerspannige tiener zover te krijgen dat er een acceptabele balans ontstaat tussen huiswerk, karweitjes en het belangrijke sociale leven. Veel conflicten ontstaan door een botsing tussen deze drie: uw tiener is het niet altijd eens met uw prioriteiten. Door een duidelijk schema op te stellen op een moment dat u beiden rustig en rationeel bent, kunnen veel twistpunten voorkomen worden.

Kalmeringstechnieken voor u beiden

Ondanks al uw goede bedoelingen (en dit boek) zullen er momenten zijn dat uw geduld op is en u naar elkaar loopt te schreeuwen en allebei buiten zinnen bent. Dan is het belangrijk om een aantal goede kalmeringstactieken te kennen. De hierna volgende technieken komen uit *Anger Management in a Week* (Sandi Mann, Hodder & Stoughton).

● **Ga iets doen waarbij woede geen kans maakt.** Woede is een staat van opwinding die u onmogelijk kunt voelen als u ontspannen bent. Dus als u iets gaat doen dat u ontspannen maakt, zal het niet zo gemakkelijk zijn om met dezelfde intensiteit woede te voelen. U zou, als dat mogelijk is, kunnen weglopen om een kalmerende wandeling te gaan maken, kunnen gaan zwemmen of een andere activiteit die u ontspannen maakt, creatieve of artistieke bezigheden, zorgen voor een huisdier of wat dan ook dat u ontspannend vindt.

● **Zoek afleiding.** Deze techniek heeft tot doel uzelf af te leiden van wat de woede opwekt om op die manier de intensiteit van de woedereactie te verminderen. Bij afleidingstechnieken gaat het om fysieke en mentale technieken. Een fysieke afleiding bestaat eruit dat u een fysieke activiteit verricht waar u uw hoofd bij moet houden (het hoeft niet ontspannen te zijn zoals bij de hierboven genoemde techniek). Dus u zou uw aandacht kunnen richten op werk waarbij u zich moet concentreren, een interessant krantenartikel lezen of iemand opzoeken om over iets heel anders te praten. Mentale afleidingstechnieken

zijn een menu plannen voor een feestelijk diner of een route bedenken naar een bijeenkomst in een ander deel van de stad. U hoeft
niet fysiek bezig te zijn bij een afleidingstechniek, zolang uw geest is
afgeleid doet deze techniek zijn werk.

● **Gedachteonderbreking**. Dit is nog een cognitieve of mentale
techniek waarbij u het proces van de woedereactie 'vangt' en onderbreekt. Als u de woede voelt opkomen, onderbreekt u de woedereactie door tegen uzelf te zeggen dat de gedachten in uw hoofd moeten
'stoppen'; als we boos zijn, blijven we denken aan wat er is gebeurd
waardoor de woedeprikkels steeds sterker worden. U kunt bijvoorbeeld tegen uzelf zeggen: 'Stop', 'Genoeg' of 'Nee'. Of u kunt zich
het stopteken voor auto's in het verkeer voorstellen. Het kan ook een
fysiek teken zijn, zoals in uw hand knijpen of een elastiekje tegen uw
hand knallen. Zulke tekens kunnen voldoende zijn om de prikkel te
stoppen en de woedereactie te onderbreken.

We hebben u een aantal algemene technieken gegeven om met
conflicten met uw tiener om te gaan. Nu is het tijd om te kijken naar
specifiekere situaties die uw vaardigheden en geduld als ouder op de
proef stellen. We beginnen met de schooltijd.

HOOFDSTUK 5

SCHOOL – DE LEUKSTE TIJD VAN HUN LEVEN?

School, proefwerken en examens zijn dingen waar tieners en hun ouders zich heel veel mee bezighouden en dat is logisch. De meeste tijd van hun leven brengen kinderen op school door en zakken of slagen kan hun hele toekomst veranderen. De grootste bezorgdheid van de ouders die we hebben ondervraagd, draaide om school en examens, met 27% die aangaf dat ze zich hier zorgen over maakten. Ouders dachten dat hun tieners zich hier het meest druk over maakten: 40% van de ondervraagden noemde school/examens/proefwerken als de voornaamste bron van zorgen bij hun tieners.

Gesprek met leraren: wanneer, hoe en wat moet je zeggen

Er is iets met een gesprek met de leraar of lerares waardoor je je voelt alsof je zelf weer in de schoolbanken zit. Je voelt je heel gauw geïntimideerd of defensief, maar met de volgende richtlijnen haalt u het meeste uit deze gesprekken:

● Ouderavonden zijn gewoonlijk heel strikt aan tijd gebonden. Het is niet ongebruikelijk dat u slechts vijf minuten krijgt om over de vorderingen van uw kind te praten. Dat lijkt niet veel (behalve als ze een flinke uitbrander krijgen, dan lijken het wel vijf uur), maar er zijn een heleboel ouders, dus is dit de enige manier om iedereen aan de beurt te laten komen. Probeer u aan de tijd te houden – als er nog meer is om te bespreken, maak dan een afspraak buiten de ouderavond.

• Bedenk van tevoren wat u wilt vragen; niets is erger dan opstappen en beseffen dat u bent vergeten om te vragen naar hun nieuwe rol als klassenboekhouder.

• Neem pen en papier mee om aantekeningen te maken van wat er gezegd wordt of van de cijfers. U moet er met uw kind over kunnen praten als u weer thuis bent. Uw tiener zal u niet bedanken als u zegt dat hij of zij ergens geniaal in is maar u niet meer weet waarin.

• Luister en probeer niet al te defensief te worden als er kritiek geuit wordt. Probeer het niet persoonlijk op te vatten, vooral niet als u de indruk krijgt dat de betreffende leraar uw lieve tiener niet leuk vindt.

• Zorg dat u een eventueel rapport hebt gelezen dat van tevoren naar u is toegestuurd en de sterke en zwakke punten eruit hebt gehaald die u met de leraar moet bespreken. Ook kunt u onderwerpen met uw kind doornemen om te horen of hij of zij nog iets heeft wat ter sprake moet worden gebracht.

Een richting en een vervolgstudie kiezen – hoe helpt u uw tiener goede keuzes te maken?

Het maken van de juiste keuzes is om talloze redenen altijd een gevoelig onderwerp voor ouders want:

• We denken dat wij het beter weten.

• We denken dat onze kinderen te onvolwassen zijn voor een verstandige langetermijnvisie.

Hoe haalt u het meeste uit een ouderavond

We kunnen u aanraden om de volgende vragen te stellen op een ouderavond:

- Waar is mijn kind goed in?
- Heeft mijn kind speciale talenten?
- Wat vindt mijn kind moeilijk? Hoe kan ik hierbij helpen?
- Doet mijn kind voldoende zijn/haar best?
- Doet mijn kind mee met discussies in de klas?
- Hoe kan ik mijn kind helpen met het huiswerk?
- Is mijn kind voldoende vooruitgegaan sinds het laatste rapport?
- Is mijn kind gelukkig op school?
- Heeft mijn kind vrienden?
- Geeft het gedrag van mijn kind aanleiding tot ongerustheid?

- We denken dat wij het beter weten.
- Tot nu toe hebben wij waarschijnlijk alle belangrijke beslissingen voor onze kinderen genomen – het is moeilijk om los te laten.
- We denken dat wij het beter weten.

Natuurlijk is dit allemaal waar: tieners vinden het inderdaad moeilijk om na te denken over dingen die na volgend jaar plaatsvinden, dus de meeste belangrijke beslissingen hebben wij genomen (en ze zijn best goed terechtgekomen, toch?) en natuurlijk weten wij het altijd beter. Dus is de verleiding groot om uw koppige tiener in de richting te leiden van, over te halen tot of op een andere manier te sturen naar het door u gekozen carrièrepad. Niet doen! Dan kunt u woede, protest, razernij en opstand verwachten (van uw puber, zo niet van u).

Tegen de tijd dat kinderen op school beslissende keuzes moeten maken voor hun toekomst, zijn ze al bijna volwassen en moeten ze gesteund worden in het nemen van hun eigen beslissingen. Iets opdringen heeft geen zin, ook al is het in hun eigen belang voor hun toekomst. Zoals het spreekwoord zegt: je kunt het paard naar het water leiden, maar het niet dwingen te drinken. Tieners moeten het gevoel hebben dat ze hun eigen keuzes maken en hun eigen levenspad volgen. Uw taak als liefhebbende ouder is hen helpen keuzes te maken en uw mond stevig dichthouden als zij volhouden niet door te willen leren maar bij het circus willen gaan (en is dat nou echt zo erg?).

De keuzes waar ze zoal voor staan zijn: welk vakkenpakket, welke vervolgstudie en waar, beroepsonderwijs ja of nee, of toch van school om werk te zoeken, misschien een eigen bedrijf opzetten, of een tussenjaar om een wereldreis te maken, of gaan ze samenwonen met hun vriend(in)? Voor iedere tiener is het moeilijk om een keuze te maken uit zoveel verschillende mogelijkheden. Met deze tips kunt u uw zoon of dochter helpen:

● Probeer niet te veel te oordelen. Soms zeggen kinderen dingen om te choqueren, dus als u woedend reageert op hun plotselinge aankondiging dat ze van school willen om te gaan limbodansen, kan uw reactie juist tot gevolg hebben dat zij hun hakken in het zand zetten. Het is het beste om kalm te blijven, dan zullen zij minder snel 'psychologische weerstand' ervaren (waarbij we alleen maar iets willen omdat we weten dat het niet mag).

● Ga samen rond de tafel zitten en bespreek de keuzes op een systematische en rationele manier. Laat hen benoemen waar ze goed in zijn en waar hun zwakke punten liggen (niet alleen wat school betreft

– noem ook hun ervaringen bij de padvinders, hun bekers behaald in de sport en hun dansprestaties).

● Bespreek hun aspiraties en wat zij belangrijk vinden: willen ze een goed betaalde baan of werk dat bevredigt? Willen ze liever iets gaan studeren dat ze leuk vinden of een richting met de beste carrièremogelijkheden? Is het belangrijker om bij hun vrienden te zijn of om de beste studierichting te kiezen? Al deze vragen helpen om het juiste pad te kiezen.

● Streep de keuzemogelijkheden af en overweeg de voors en tegens van elke optie. Maak een lijst van elke keuze en misschien kunnen ze zelfs voor elk voor- en nadeel een waardeoordeel geven.

● Moedig uw tiener aan om naar open dagen van verschillende scholen of universiteiten te gaan. Vaak worden er oriëntatiedagen georganiseerd waarbij uw tiener kan zien en ervaren wat de studie inhoudt.

● Onderzoek welke vakken of diploma's er nodig zijn voor hun studiekeuze of baan. Vraag hierbij ook advies op school.

Hoe om te gaan met slechte schoolprestaties en weerzin om te studeren

Wat als uw tiener weigert zich over de boeken te buigen en te gaan studeren? De meeste kinderen willen liever samen met hun vriend(inn)en zijn, tv-kijken of voetballen dan huiswerk maken en studeren (en kunnen we het hun kwalijk nemen?). Maar sommigen lijken zich meer te verzetten dan anderen. Hun prestaties gaan achteruit omdat ze er geen tijd aan besteden. Het is heel normaal dat ambitieuze ouders zich bezorgd maken en boos worden, maar het is belangrijk om een stap terug te doen en uzelf (of nog beter, uw tiener) de volgende vragen te stellen:

- Is uw kind gelukkig op school?
- Is er een andere reden voor de veranderde werkhouding (zoals een familietrauma, problemen met een vriendje/vriendinnetje, pesten op school etc.)?
- Vindt uw kind de leraren leuk?
- Is het gedrag van uw kind ook op andere gebieden veranderd (lijken ze bijvoorbeeld depressief, boos, wrokkig – dat wil zeggen, meer dan anders)?
- Zijn hun aspiraties voor een carrière veranderd?
- Hebben ze weinig zelfrespect wat betreft hun schoolprestaties (dat wil zeggen, hebben ze weinig vertrouwen in hun eigen kunnen)?
- Maken ze zich zorgen over de verwachtingen die u (of anderen) van hen heeft (hebben)?

De onderliggende oorzaak identificeren is de eerste belangrijke stap. Het heeft geen zin om huisarrest te geven, te schreeuwen of te dreigen als ze zich ergens heel ongelukkig door voelen, want dit laatste beïnvloedt hun schoolprestaties. Het kan zijn dat u diep moet graven voordat ze zich blootgeven; als zij denken dat u tekeer zult gaan, zullen ze niet erg toeschietelijk zijn. U zult eerst hun vertrouwen moeten winnen voordat ze u vertellen wat er dwars zit.

Ervan uitgaande dat u een oorzaak hebt gevonden, kunt u samen met uw tiener een oplossing bedenken. Maar denk erom dat uw kind een andere oplossing voor ogen kan hebben dan u. Misschien bent u teleurgesteld als uw advocaat-in-wording ermee wil ophouden en verkiest loodgieter te worden. (Maar waarom? Een loodgieter in de familie is waarschijnlijk veel handiger voor u.) Toch heeft het geen zin te dwingen tot academische prestaties waartoe ze niet in staat zijn.

Het kan nodig zijn om met leraren te praten of rond te kijken op andere scholen of universiteiten om te zien welke mogelijkheden er zijn. Misschien heeft uw tiener hulp nodig bij de studie of is er een acute 'karakterbotsing' met een leraar.

Wat ook de oorzaak is, het is heel belangrijk dat u uw kind steunt en respect toont voor hoe het zich voelt. Onthoud dat aspiraties later weer opgepikt kunnen worden (in onze ervaring zijn diegenen die opnieuw gaan studeren meestal de meest gemotiveerde en toegewijde studenten). Op dit moment is het zich ontwikkelende zelfrespect van uw kind echt belangrijker.

Spijbelen en schoolweigering

Maar wat als tieners weigeren naar school te gaan of, wat vaker voorkomt, als u erachter komt dat ze zich vaker aan de lessen onttrekken dan redelijkerwijs gezien mag worden als puberale loltrapperij? Het eerste dat u zich moet afvragen is niet 'Hoe zorg ik ervoor dat mijn kind naar school gaat?' maar 'Waarom spijbelt het?'. Mogelijke redenen zijn:

- Ze vervelen zich op school.
- Groepsdruk – is het cool om te spijbelen?
- Ze worden gepest.
- Een leraar heeft de pik op hen.
- Ze maken zich zorgen omdat ze het huiswerk niet af hebben of over een proefwerk.
- Ze zien de waarde of het nut van school niet (hebben bijvoorbeeld weinig aspiraties of hebben niet het plan om te gaan studeren aan een universiteit of hogeschool).

- Ze hebben aantrekkelijkere opties die hen van school weglokken (bijvoorbeeld winkelcentrum, bioscoop).
- Ze hebben een probleem met drugs, alcohol, gokken etc. (zie hoofdstuk 10).

Zodra u een probleem signaleert op het gebied van spijbelen, moet u achter de reden proberen te komen die aan de schoolweigering ten grondslag ligt. Laat uw kind praten en luister zonder te beschuldigen of te gaan schreeuwen. Moedig aan te vertellen waarom uw kind niet naar school wil en spring niet uit uw vel als de verklaring u niet aanstaat.

DE VERHALEN VAN JORIS EN SOFIE

'Vorig jaar had ik geen zin meer in school. Ik haatte een van mijn leraren die altijd de pik op mij had. Ik was doodsbenauwd voor wiskundeproefwerken omdat ik die altijd slecht maakte. Wel vond ik mijn vrienden leuk en zij waren de enige reden dat ik nog kwam. Maar om eerlijk te zijn, zie ik het nut niet van school. Ik wil niet verder studeren… ja, dag! Ik wil zo snel mogelijk geld gaan verdienen en gewoon in een winkel gaan werken of zo.' JORIS, **16**

'Ik spijbelde vaak toen ik 15 was. Een paar oudere meisjes moesten mij altijd hebben en pestten me. Het was gewoon soms gemakkelijker om ertussenuit te knijpen en naar het winkelcentrum te gaan.' SOFIE, **17**

U kunt samen met uw spijbelende tiener een plan maken met de specifieke problemen als uitgangspunt. Dat kan gaan over hoe ze met pestkoppen moeten omgaan of hoe ze de stof beter kunnen leren of opgewassen blijven tegen examens (zie hieronder). Ook kunt u een afspraak maken met de klastitularis of de verantwoordelijken op school om een oplossing te zoeken. Soms kan er afgesproken worden dat uw tiener bijvoorbeeld eerst halve dagen naar school gaat om weer te wennen aan het schoolregime. Er kunnen natuurlijk drastischer maatregelen nodig zijn, zoals een andere, geschiktere school, bijvoorbeeld een sportschool of technische school, of zelfs van school afgaan als ze oud genoeg zijn.

Wat de inhoud van het plan ook is, een groot deel van het probleem kan zijn dat u het feit moet leren aanvaarden dat uw kind in een richting wil of moet gaan die u niet voor ogen had. Hoe sneller u dit moeilijke, onontkoombare feit accepteert, hoe eerder en beter u uw kind verder kunt helpen.

Uw kind helpen bij het huiswerk en studeren

Hoewel tieners zelf de verantwoordelijkheid hebben om zich over hun huiswerk en studie te buigen, is er genoeg dat u kunt doen om het hun een beetje gemakkelijker te maken:

● Creëer een geschikte omgeving waar ze kunnen studeren. Ze hebben een rustige plek, een bureau, een ruimte zonder troep, warmte en goede verlichting nodig. Het meest ideaal is het als dit altijd dezelfde ruimte is. Zo wordt het hun eigen plek en kan er een gedragspatroon ontstaan waarin het gewoon gaan zitten in de 'studeerstoel' al aanspoort tot studeren.
● Zorg dat ze niet gestoord worden door de rest van het gezin en beperk het aantal karweitjes tijdens tentamenperiodes.
● Prijs hen om hun inspanningen.

● Geef beloningen als ze een werkdoel hebben bereikt. Dat kan zijn iets lekkers, tv-kijken, extra beltegoed, tijd op de computer, kleine presentjes en avondjes uit met hun vriend(inn)en.

● Moedig ze aan om een schema te maken van wat ze wanneer willen studeren. Kom niet in de verleiding om dit zelf te doen – het schema moet van henzelf zijn willen ze het werkelijk accepteren. Zorg dat ze er pauzes en beloningen in opnemen. Door een kruisje te zetten achter het onderdeel of vak dat ze hebben gestudeerd, zien ze dat ze steeds verder vooruitkomen.

● De meeste mensen hebben een aandachtsboog van niet meer dan 40 minuten, dus het studeren zou in deze hanteerbare stukken moeten worden verdeeld in plaats van een drie uur durende uitputtende marathon proberen te houden. Misschien vindt uw tiener het fijn om de minder leuke onderwerpen af te wisselen met de leukere of juist de ergste het eerst af te werken.

● Zorg dat uw tiener tijd heeft om te ontspannen en leuke dingen te doen, vooral lichamelijke inspanning is goed. Zwemmen, voetbal of een andere sport die ze leuk vinden, zijn hele goede manieren om de spanningen van het studeren kwijt te raken. Ook moeten ze hun hobby's blijven doen tijdens zware tentamenperiodes.

● Kook lekkere en gezonde maaltijden. Hiermee geeft u emotionele steun en het houdt hen gezond.

● Toon interesse voor hun werk. Stel vragen over wat ze aan het leren zijn. Wees onder de indruk van hun superieure kennis – dat moet niet al te moeilijk zijn want waarschijnlijk wisten ze toen ze tien waren al meer dan u.

● Iedereen heeft een andere leerstijl, wat betekent dat we op verschillende manieren informatie tot ons nemen. Moedig uw kind aan erachter te komen wat voor hem of haar de beste manier is – leren ze beter door auditieve informatie (dat wil zeggen dingen die ze horen) of door visuele (wat ze zien of lezen)? Misschien leren ze beter door te doen? U kunt erbij helpen hun studie aan hun leerstijl aan te passen. Visuele leerlingen kunnen hun aantekeningen lezen en herlezen, auditieve leerlingen kunnen de stof misschien opnemen en daarna afspelen (of er zelfs liedjes van maken – veel tieners leren probleemloos teksten van popsongs, dus door van het periodiek systeem der elementen een liedje te maken wordt de taak misschien een fluitje van een cent), terwijl kinesthetische leerlingen (doen) het beste toetsen kunnen oefenen of hun aantekeningen overschrijven.

● Oefen geen druk uit om goed te moeten presteren. Benadruk dat u alleen wilt dat ze hun best doen, en dat ze niet het allerhoogste moeten halen.

● Sommigen zijn nachtuilen, anderen vroege vogels. Laat uw tiener beslissen wanneer hij of zij het beste kan werken. Als dat betekent na de middag beginnen en tot 2 uur 's nachts doorgaan, dan is dat maar zo.

Omgaan met examenvrees en andere schoolstress

Het is normaal dat tieners gestrest raken tijdens proefwerk- of examenperiodes. Het is zelfs een goede oefening omdat ze als volwassenen ook met stress te maken zullen krijgen. Het opgewassen zijn tegen ups en downs is een belangrijke vaardigheid in het leven. Dus hoe meer u nu doet om hen met stress te leren omgaan, hoe beter ze voorbereid zijn op wat het leven later voor hen in petto heeft.

Voordat u naar hun stress gaat kijken, kan het een goed idee zijn om eerst even na te denken over hoe u er zelf mee omgaat. Kinderen nemen heel veel dingen van thuis over wat betreft het omgaan met stresssituaties en ander gedrag. Dus als u wilt dat zij goed en positief met stress leren omgaan, want een slechte manier is op de lange duur schadelijk, dan moet u beginnen met het geven van het goede voorbeeld (zie onder).

Gezonde en ongezonde manieren om met stress om te gaan

Gezonde manieren voor volwassenen om met stress om te gaan zijn:

- Beweging nemen
- Een ontspannend bad nemen
- Goed en gezond eten
- Opschrijven hoe u zich voelt
- Met iemand praten over uw zorgen

Ongezonde manieren zijn:

- Alcohol drinken
- Roken
- Snoepen
- Schreeuwen of agressief worden

Een goed beginpunt zou kunnen zijn om samen te praten over de invloed die stress op uw tiener heeft. De volgende vragenlijst kan gebruikt worden om het gesprek op gang te helpen:

1 Wat versta je onder de term 'stress'? Dat wil zeggen, als iemand zegt gestrest te zijn, wat denk je dan dat die persoon ervaart/voelt/denkt?

2 Wat jou zelf aangaat, hoe vaak voel je je gestrest? (1 antwoord)

Heel vaak

Best vaak

Alleen op bepaalde momenten (bijvoorbeeld tijdens examens)

Soms

Bijna nooit

3 Als je je weleens gestrest voelt, waar wordt dat dan door veroorzaakt? (Meerdere antwoorden mogelijk)

Zorgen over school

Conflict met de leraar

Ruzie met vriend(inn)en

Druk van leeftijdgenoten (bijvoorbeeld om bepaalde kleren te dragen)

Examens

Slechte schoolcijfers

Niet goed in sport zijn

Huiswerk (te veel/te moeilijk)

Hoge verwachtingen door oudere broers of zussen

Druk van ouders om te presteren

Pesterijen vanwege bril, beugel, gewicht etc.

De toekomst

Ruzies met ouders/verzorgers

Ruzies met broers/zussen

Gezondheidsproblemen

Als je meerdere antwoorden hebt gegeven, kruis dan datgene aan wat de meeste stress veroorzaakt.

4 Als je je gestrest voelt, wat doe je er dan aan? Probeer terug te denken aan de keren dat je je gestrest voelde. Wat deed je toen?

Deze vragenlijst is een goed uitgangspunt om met uw kind over stress te praten. Maar even belangrijk is dat u ziet wanneer uw tiener te veel last krijgt van stress. Let op het volgende gedrag:

● Uw tiener is sneller in tranen of agressiever dan gewoonlijk.

● Uw tiener is meer teruggetrokken dan gewoonlijk.

● De eetgewoonten veranderen – ofwel meer (snoepen) of minder.

● Uw tiener is humeuriger dan gewoonlijk.

● Let op of er meer 'nerveuze' gewoonten zijn, zoals haren om de vingers draaien, roffelen met de vingers en nagelbijten.

● Let op signalen van een minder goede gezondheid waarvan de oorzaak stress zou kunnen zijn: meer eczeem, verergerde astma, bevattelijker voor verkoudheid, buikpijn enzovoorts.

Uit ons onderzoek bleek...

Slechts 23% van de ouders zei dat hun tiener geen stress voelt tijdens examens; 68% gaf aan dat hun kind een beetje of best veel aan stress lijdt; 9% van de tieners is volgens de ouders 'erg' gestrest.

De tieners uit ons onderzoek hadden verschillende goede en slechte manieren om met school- of examenstress om te gaan. De meest voorkomende reactie was kwaad worden. De populairste manieren zijn:

1 Kwaad worden – 61%

2 Teruggetrokken/afwezig zijn – 42%

3 Uitgaan (bijvoorbeeld met vriend(inn)en) – 28%

4 Op internet surfen (bijvoorbeeld als afleiding) – 25%

5 Eten – 23%

De beste manier om uw kind met stress te leren omgaan, of die nu afkomstig is van huiswerk, examens, school of iets anders, is dit drie-stappenplan te volgen:

1 Probeer samen achter de bron van de stress te komen – dus wat precies de oorzaak is dat uw kind zich gestrest voelt. Neem de voor-gaande vragenlijst erbij en praat met elkaar over de zorgen van uw kind.

2 Probeer er samen achter te komen welke ongezonde reacties uw kind heeft op stress, opnieuw met de voorgaande vragenlijst.

3 Probeer samen de ongezonde reacties te veranderen in gezonde. Dat kunnen zijn: sportactiviteiten, met een vriend(in) praten, de pro-blemen opschrijven, genieten van een beker warme chocolademelk of een andere traktatie, en ook met u over de zorgen praten.

We gaan nu onze aandacht richten op een ander aspect van school waar u zich misschien zorgen over maakt. Het volgende hoofdstuk gaat namelijk over pesten en gepest worden.

HOOFDSTUK 6

PESTEN EN GEPEST WORDEN

Er wordt veel gepest op het schoolterrein. Veel meer dan we denken, zelfs. Niet alle gevallen van pesterij worden immers door de betrokken partijen bekendgemaakt. Het team van de kindertelefoon krijgt steeds vaker telefoontjes over pesten en geweld. Ook in de school zelf moeten vertrouwenspersonen een luisterend oor zijn voor slachtoffers van pesterijen. In dit hoofdstuk leest u wat u moet doen als uw kind gepest wordt of, misschien nog erger, als uw kind de pestkop is.

∙∙

Het is heel moeilijk om cijfers te verzamelen over pesterijen op school. Geen enkele school is immers verplicht om de overheid hierover te informeren. Volgens steekproeven en een aantal onderzoeken heeft gemiddeld één leerling op vijf last van pesterijen. Het aantal leerlingen dat regelmatig ernstig gepest wordt, situeert zich rond 5%.

Uit ons onderzoek kwam naar voren dat 48% van de tieners weleens gepest is in mindere of meerdere mate.

∙∙

'Mijn dochter werd een jaar lang gepest, wat ertoe leidde dat ze zichzelf letsel toebracht.' **OUDER VAN EEN 15-JARIG MEISJE**

'Ze werd uitgescholden, er werden stenen naar haar gegooid, ze werd geduwd in de schoolgang, bedreigd en ze kreeg vervelende e-mails en telefoontjes.' **OUDER VAN EEN 16-JARIG MEISJE**

'Ze bedreigden hem met geweld, lieten hem struikelen op de trap, trokken zijn rugzak van hem af en scholden hem uit.'
OUDER VAN EEN 15-JARIGE JONGEN

'Ze werd uitgescholden en geduwd en op een gegeven moment aan-gevallen, zodat zelfs de politie er aan te pas moest komen.'
OUDER VAN EEN 14-JARIG MEISJE

'We moesten haar naar een andere school doen omdat de meisjes zo hatelijk tegen haar waren. Ze kreeg nare telefoontjes, werd op school gepest, uitgescholden. We moesten een keer de politie erbij halen.'
OUDER VAN EEN 15-JARIG MEISJE

'Onze zoon werd gedurende zijn hele schoolperiode van tijd tot tijd gepest. We probeerden het met de ouders en leraren op te lossen. Hij haatte school en wilde er zo snel mogelijk vanaf. Het had een groot effect op zijn gevoel van eigenwaarde. Scholen doen onvol-doende tegen pesten.' **OUDER VAN EEN 17-JARIGE JONGEN**

Wat bedoelen we met 'pesten'?

Volgens onderzoekers gaat het bij pesten om handelingen die lange tijd steeds weer worden herhaald. Een eenmalig incident wordt dus geen pesten genoemd. Er bestaat geen eensluidende definitie van pestgedrag, maar de meeste onderzoekers zijn het erover eens dat het gaat om het opzettelijk toebrengen van pijn, zowel mentaal als fysiek. Bovendien zeggen zij dat het bij pesten vaak gaat om een ongelijke machtsverhouding, waarbij degene met minder macht herhaaldelijk en oneerlijk aangevallen wordt.

Verschillend pestgedrag

Het is gemakkelijker om pesten te omschrijven aan de hand van gedrag dan met een mooie definitie. Er zijn twee hoofdcategorieën van pestgedrag: **direct versus indirect pesten** (Olweus[1]). Bij direct pesten gaat het om een directe confrontatie en fysieke agressie (slaan, schoppen, stompen etc.), terwijl indirect pesten subtieler is en gaat om gedrag als sociale uitsluiting (niet praten tegen het slachtoffer), kinderen overslaan, roddels verspreiden en schelden.

Pesters kunnen zowel directe als indirecte methoden gebruiken. Sommige kinderen (en ouders) weten niet goed of het bij minder directe benaderingen inderdaad om pesten gaat. Als het gedrag wordt herhaald en kinderen belachelijk gemaakt of vernederd worden, dan wordt er zeer waarschijnlijk gepest.

Een nieuw type pesterij is ontstaan waarbij gebruikgemaakt wordt van de moderne technologie: cyberpesten. Het gaat dan om vervelende sms'jes of e-mails, of het verspreiden van wrede of weinig subtiele foto's die gemaakt zijn met het mobieltje.

Waarom kinderen pesten

Er zijn veel verschillende 'soorten' pesters. Sommige pesters hebben een zogenaamd 'agressief reactiepatroon', wat betekent dat ze hebben geleerd agressief te reageren als de dingen niet gaan zoals zij willen. Ze kunnen een kort lontje hebben en worden snel boos. Mogelijk kopiëren zulke kinderen hun gedrag van anderen (bv. van broers of zussen of ouders) en kennen ze geen andere manier van reageren. Deze 'agressieve' pesters zijn vaak populair bij hun leeftijdgenoten als ze jong zijn, maar hun populariteit vermindert meestal, samen met hun leerprestaties, naarmate ze ouder worden (Olweus).

Een andere pester is de meer 'passieve' pester. Deze kinderen zullen niet vaak de aanval beginnen, maar doen er wel aan mee. Meestal doen ze dit om de goedkeuring van de agressievere pester te krijgen. Vaak is er sprake van minder zelfrespect en proberen ze door mee te doen de sympathie te winnen van de agressievere pester, die meer zelfvertrouwen heeft.

De opvoeding kan van invloed zijn of kinderen pesters worden. Hierbij is het wel belangrijk op te merken dat dit alleen opgaat voor sommige pesters. Ouders kunnen en mogen niet automatisch de schuld krijgen van het pestgedrag van hun kind. Olweus[2] noemt echter een aantal factoren bij de opvoeding die van invloed kunnen zijn:

● Kinderen van ouders die emotioneel minder warm en minder betrokken zijn, kunnen later meer agressiviteit en vijandigheid vertonen.
● Tolerantie van ouders ten aanzien van agressief gedrag thuis (bv. tussen broertjes en zusjes) kan leiden tot kinderen die minder duidelijke grenzen hebben omtrent de aanvaardbaarheid van agressieve daden.

● Ouders die door middel van fysieke straffen en heftige uitbarstingen hun kind thuis onder controle houden, kunnen hun kind leren dat dit de juiste reactie is als dingen anders gaan dan zij willen.

Wie wordt er gepest?

Volgens Olweus[3] zijn er twee hoofdtypes van slachtoffers: de passieve en provocatieve. Passieve slachtoffers komen het meeste voor. Deze kinderen zijn waarschijnlijk iets angstiger en onzekerder dan andere kinderen (wat wordt opgemerkt door de pester). Ze zijn vaak heel voorzichtig en kunnen minder zelfrespect hebben[4], wat de pester ook opmerkt. Passieve slachtoffers kunnen om de een of andere reden minder vrienden hebben (wat hun verminderde zelfrespect versterkt). Misschien zijn ze nieuw op school of hebben ze te weinig zelfvertrouwen in sociale interacties.

Provocatieve slachtoffers komen minder vaak voor. Deze kinderen zijn zowel angstig als agressief. Hun gedrag veroorzaakt spanning en irritatie bij hun leeftijdgenoten. Ze kunnen ongewone gedragspatronen hebben waar leeftijdgenoten om moeten lachen en reageren vaker emotioneel op kleine problemen en ruzietjes.

Verschillend pestgedrag bij jongens en meisjes

Volgens onderzoekers[5] hanteren jongens vaker directe, fysieke vormen van pesten, terwijl meisjes vaker groepsgewijs pesten en indirectere vormen hanteren die moeilijker te zien en te bewijzen zijn. De vermoedelijke reden hiervan is dat jongens onder elkaar fysieke dominantie en hiërarchie belangrijk vinden en dat meisjes zich meer bezighouden met relaties en vriendschappen. Jongens kunnen ook pesten om meer macht te krijgen en hun superioriteit te bewijzen, terwijl meisjes kunnen pesten om te bevestigen dat ze erbij horen. Door anderen buiten te sluiten, wordt hun status als vriendin bevestigd.

Men vermoedt dat er meer bij jongens onderling dan bij meisjes onderling wordt gepest, maar dit kan te wijten zijn aan het feit dat pestgedrag bij meisjes minder vaak als zodanig herkend wordt. Direct pesten is gemakkelijker aan te wijzen, dus mogelijk wordt het pesten door meisjes onderschat en minder vaak gerapporteerd. Meisjes kunnen zowel door jongens als door meisjes worden gepest. Jongens worden meestal alleen gepest door andere jongens[6].

Wanneer komt pesten het vaakst voor?

In de overgangsperiode van basisschool naar middelbare school komen pesterijen onder kinderen het meeste voor. In deze periode komen kinderen op verschillende momenten in de puberteit, wat verschillen in lengte, kracht en lichamelijke ontwikkeling tot gevolg heeft. Sommige kinderen worden kwetsbaarder doordat ze zich al heel vroeg of juist laat ontwikkelen, terwijl anderen er voordeel van hebben dat ze sterker, groter, enzovoorts zijn.

Tegelijkertijd verandert de manier van conflictoplossing doordat kinderen in de puberteit komen: sociaal bewustzijn, bezorgdheid omtrent de sociale status, groepsdruk. Al deze factoren beginnen op school een belangrijke rol in relaties te spelen. Een studie over telefoontjes naar de kindertelefoon (die kinderen en jongeren advies geeft over problemen) onthulde dat de meeste kinderen die over pestproblemen belden 11-14 jaar waren[7].

Bovendien gaan kinderen in deze periode in de meeste gevallen naar een nieuwe school en moeten ze nieuwe vriendschappen en sociale groepjes vormen. Velen kunnen zich dan onzeker of bedreigd voelen omdat ze moeite hebben om hun rol te vestigen in de nieuwe hiërarchieën die zich ontwikkelen.

Het goede nieuws is dat er door de puberjaren heen meestal steeds minder gepest wordt[8]. Dat kan komen omdat oudere kinderen vaak de nieuwe kinderen eruit pikken, kinderen weerbaarder worden naarmate ze ouder worden of naar een nieuwe school gaan en nieuwe vriendenkringen vormen. Het slechte nieuws is echter dat pesten bij oudere kinderen meestal ernstiger wordt [9].

Wat doet pesten met een kind?
Kinderen die worden gepest:

- kunnen zo depressief of gestrest raken dat ze er ziek van worden;
- kunnen heel weinig zelfrespect hebben;
- kunnen verlegen en teruggetrokken worden;
- kunnen lichamelijke klachten krijgen, zoals aanhoudende buikpijn en hoofdpijn, wat veroorzaakt wordt door stress.

Wordt uw tiener gepest?
Maar weinig tieners komen er recht voor uit dat ze gepest worden. Velen hebben niet eens in de gaten wat er aan de hand is, wat met name bij indirect pesten het geval is. Anderen schamen zich of zijn bang om het toe te geven. Signalen die erop wijzen dat ze gepest worden, zijn:

- geen zin om naar school te gaan;
- geen zin om met dezelfde schoolbus te gaan of de normale route naar school te nemen;
- spijbelen;
- slechtere cijfers;
- thuis vijandig of humeurig zijn;
- klagen over ziek-zijn zonder duidelijke symptomen;
- 'kwijtraken' van spullen;
- niet eten op school (om de pesters te vermijden of omdat hun geld is gestolen);
- geen zelfvertrouwen en teruggetrokken gedrag;
- agressief gedrag naar broertjes en zusjes;
- met schrammen of blauwe plekken thuiskomen.

Wat als uw kind gepest wordt

Als u denkt dat uw kind mogelijk op school gepest wordt (of onderweg naar school), volgen hier enkele stappen die u kunt ondernemen:

- Praat met uw kind als u het vermoeden hebt dat er iets aan de hand is. Blijf kalm en moedig aan om de problemen te delen.
- Schrijf alle incidenten op, hoe onbeduidend ze ook lijken.
- Probeer erachter te komen waar en wanneer er gepest wordt.
- Ga na of uw kind die situaties kan vermijden. Kan er bijvoorbeeld om een andere zitplaats in de klas gevraagd worden? Een andere route naar huis genomen worden?

   Dit zijn strategieën om het pesten te vermijden. Ze pakken het probleem zelf niet aan, maar uw kind kan erdoor gerustgesteld worden als het geen directe confrontatie aandurft.

● Leer uw tiener assertief te zijn en 'op te staan' tegen de pesters. Pesters vinden het leuk als ze een angstige reactie veroorzaken; als uw kind probeert niet op deze manier te reageren, zullen de pesters hun interesse verliezen. Manieren om dit te doen:

De pester in de ogen kijken en heel ferm nee zeggen, mogelijk gevolgd door een alternatieve suggestie zoals: 'Zullen we nu samen gaan voetballen?' of gewoon weglopen.

Steeds weer dezelfde zin zeggen, wat je met name kunt doen als iemand niet naar je luistert.

Niks zeggen, misschien lachen en gewoon weglopen.

Moedig uw tiener in het geval van een groep pesters aan om een of twee van de wat minder actieve leden aan te spreken en hun te vragen waarom ze zo doen. Zonder de steun van de groep gaan pesters zich vaak schamen als ze zien welk effect hun gedrag heeft.

● Uit angst voor vergelding hebben veel kinderen niet graag dat u er op school over gaat praten. Wel kunt u de school vragen naar hun antipestbeleid – iedere school heeft er een.
● Ga niet tekeer tegen een jonge pester. Dat kan de pester defensief maken, die zich dan op uw kind gaat afreageren.
● Probeer uw tiener zelfvertrouwen te geven door te prijzen en activiteiten aan te moedigen waar uw kind goed in is.
● Moedig aan om aan activiteiten deel te nemen, cursussen te doen of een hobby te gaan uitoefenen. Dit versterkt het zelfrespect en misschien worden er nieuwe vrienden gevonden.

• Stel voor om een lijstje te maken van alle positieve eigenschappen: waar is uw kind goed in, welke leuke kwaliteiten heeft uw kind? Allemaal positieve, zelfbevestigende dingen.

• Breng meer tijd met uw kind door. Uw tiener voelt zich kwetsbaar en heeft u om zich heen nodig. Soms kunnen tieners op onverwachte momenten willen praten, zoals wanneer u in de auto zit of met de afwas bezig bent (zie hoofdstuk 3), niet noodzakelijkerwijs als u speciaal tijd vrijmaakt om te praten.

• In het geval van cyberpesten moet u vervelende sms'jes of e-mails bewaren als bewijs, hoe graag u ze ook zou willen wissen.

• Plan leuke dingen voor uw tiener. Laat zien dat het leven nog zo slecht niet is!

In ernstigere gevallen moet de school erbij betrokken worden. Wat kan uw school doen? Een goed antipestbeleid houdt in dat problemen anoniem gerapporteerd worden en er vertrouwenspersonen zijn die spreekuur houden en tot wie kinderen zich kunnen wenden als ze om hulp willen vragen.

Racistisch pesten

Als uw kind gepest of gediscrimineerd wordt vanwege ras, kleur, religie of cultuur kan dit verschillende vormen aannemen. Tieners kunnen worden gepest vanwege hun kleren of omdat ze vrij zijn van school om een religieus feest bij te wonen. Of leeftijdgenoten maken racistische of minachtende gebaren (zoals de nazigroet), brengen racistische materialen mee (zoals tijdschriften en artikelen) of maken racistische 'grapjes'. U kunt in dit geval overwegen het meldpunt discriminatie in uw buurt en de politie in te schakelen. Daarnaast bestaat er in Nederland de landelijke vereniging ter voorkoming en bestrijding van discriminatie op alle gronden, en in België het Centrum voor gelijkheid van kansen en voor racismebestrijding.

Homofobisch pesten

Een van de wijdst verspreide vormen van pesten heeft als reden seksualiteit of vermeende seksualiteit. Uit een onderzoek kwam naar voren dat de meeste leraren op de hoogte zijn van vooral verbale incidenten en in mindere mate van fysieke incidenten. Als een school geen duidelijk standpunt heeft om met homofobie om te gaan, komen zulke incidenten vaker voor en zien leerlingen niet dat dit onacceptabel is.

Ongeacht of uw kind homo of lesbisch is, het kan het slachtoffer worden van homohaat en uitgescholden worden of met fysiek geweld te maken krijgen. U mag van de school verwachten dat er samen met ouders/verzorgers alsook de bredere gemeenschap wordt gezorgd voor een effectief beleid en passende procedures. Meer informatie hierover kunt u vinden op www.schoolenveiligheid.nl.

Wat als uw kind de pester is?

Tieners die pesten doen dat vaak omdat ze zich op de een of andere manier onzeker, bedreigd of jaloers voelen. Misschien zijn ze vroeger gepest en denken ze dat ze beter zelf kunnen gaan pesten voordat zij er weer uitgepikt worden. De beste benadering is om niet te beschuldigen – probeer niet te schreeuwen of te straffen door sancties op te leggen (zoals huisarrest geven). Dit pakt niet de reden van het gedrag aan en kan het misschien nog erger maken.

Beter is het om het gedrag op zo'n manier in twijfel te trekken dat u uw kind tegelijkertijd ondersteunt. Vraag waarom uw tiener pest. Is het om aandacht te krijgen? Om zich beter te voelen? Houdt uw kind van de macht die het heeft? Vindt uw tiener het leuk om mensen pijn te doen? Zijn er zorgen of verdriet? Heeft iemand de pik op uw kind? Is uw kind bang? Probeert uw tiener 'erbij' te horen?

Probeer de wereld vanuit het perspectief van het slachtoffer te laten zien. Vraag hoe uw kind denkt dat het slachtoffer zich voelt. U kunt misschien zelfs aan het slachtoffer vragen om na school langs te komen en uw kind te vertellen over het effect van zijn of haar gedrag.

Extra hulp

Bij *Stichting Stop Het Pesten* kunt u allerlei vormen van informatie vinden met betrekking tot de stichting of het pesten zelf. Adviezen, artikelen en educatief materiaal over acties tegen pesten. Met anti-pestspel en pest-contract.
Catalpastraat 74, 1326 DP Almere, Nederland

Pestweb staat dagelijks in contact met kinderen en jongeren omtrent pesten. Er is elke dag een telefonische hulpdienst beschikbaar. Ook is er de mogelijkheid om contact op te nemen per e-mail. De medewerkers van Pestweb zijn allen professionals op het gebied van pesten.

Voor België is er de website *www.kieskleurtegenpesten.be*, waarop veel informatie staat over pesten en de gevolgen. U vindt er ook inlichtingen over speciale, jaarlijkse campagnes van de Vlaamse overheid.

HOOFDSTUK 7

SEKSUALITEIT EN PUBERTEIT

'Tijdens het hormonale en lichamelijke tumult is de belangrijkste vraag die de meeste tieners stellen: "Ben ik normaal?" Maar vaak geloven ze je niet als je hen geruststelt. Helaas gaat de biologische ontwikkeling niet altijd hand in hand met de emotionele rijping. Het gat in de moderne samenleving tussen het vervullen van de seksuele driften en sociale volwassenheid kan grote problemen veroorzaken.'
OUDER VAN TWEE TIENERS

Het onderwerp waar de meeste ouders minder makkelijk met hun kinderen over kunnen praten, is zonder enige twijfel seks (uit ons onderzoek kwam naar voren dat met name masturbatie het onderwerp is waar het meest voor wordt teruggedeinsd – zie bladzijde 99). Ouders melden dat hun kinderen meer over seks weten dan zij of dat ze het onderwerp aan school overlaten. Maar ouders kunnen hierin juist een belangrijke rol spelen, omdat er in een tweegesprek geen sprake is van druk van leeftijdgenoten of van waarden van onbekende anderen. Met andere woorden, dit is uw taak – laat schaamte u niet tegenhouden.

In dit hoofdstuk kijken we naar de praktische kant om dit te doen en de kennis die u misschien nodig hebt. U leest hoe u een positieve rol kunt spelen bij de beïnvloeding van uw kind en hoe u de vele vallen vermijdt waar u gemakkelijk in kunt lopen in de omgang met een tiener. We kijken naar de problemen in de puberteit: de zorgen over uiterlijk en gedrag en de pijn en vreugde van romantische, intieme en, ja, ook seksuele relaties.

We willen u aanmoedigen om al deze veranderingen te zien als mogelijkheden om positieve energie in uw kind te steken en vol vertrouwen uw relatie met uw tiener verder tot ontwikkeling te brengen.

Uit ons onderzoek bleek...

We vroegen ouders hoe ze met hun tieners over seks praten. De meeste antwoorden (69%) waren dat er 'openhartig en geregeld' over gesproken werd. Ongeveer 14% geeft hun kinderen leesmateriaal, terwijl 6% ervoor terugschrikt en het onderwerp helemaal aan school overlaat.

Het seksonderwerp waar de ouders het gemakkelijkst met hun tiener over praten, is anticonceptie (56%). Er is een groot verschil tussen jongens en meisjes, met 70% van de ouders die er goed met meisjes over kan praten tegen 44% die dit moeilijk vindt om met jongens te bespreken*.

Het volgende 'gemakkelijke' onderwerp is menstruatie, met iets meer dan de helft van de ouders die zegt dat ze hierover heel gemakkelijk kunnen praten. Er was een groot verschil tussen jongens en meisjes, wat misschien niet zo verbazingwekkend is. Van de ouders praat 77% gemakkelijk met meisjes hierover tegen slechts 31% met jongens.

Praten over seks vindt 36% van de ouders niet moeilijk (wederom vonden zij het gemakkelijker met meisjes dan met jongens), maar het moeilijkste onderwerp is masturbatie. Slechts 16% van de ouders vond het niet moeilijk om hierover met hun tieners te praten.

* Deze verschillen zouden het gevolg kunnen zijn van het feit dat waarschijnlijk meer moeders dan vaders de vragenlijsten hebben ingevuld.

Lichamelijke ontwikkeling – hoe helpt u uw kind door de veranderingen

Voordat u uw tiener kunt steunen tijdens de ontwikkeling van kind naar volwassene, is het belangrijk te weten welke veranderingen pubers moeten doormaken. Natuurlijk bent u van de helft van de veranderingen behoorlijk op de hoogte, omdat u die zelf hebt meegemaakt.

De lichamelijke veranderingen beginnen meestal ergens tussen acht en dertien jaar bij een meisje en negen tot veertien jaar bij een jongen. Er zijn echter vele variaties mogelijk en u noch uw kind hoeft zich zorgen te maken als de puberteit eerder of later begint. Meestal begint de puberteit rondom dezelfde leeftijd als de ouder van hetzelfde geslacht, maar ook dat is geen wet.

Jongens – de voornaamste lichamelijke veranderingen bij jongens zijn:

● Haargroei rondom de penis, zaadballen, onderarmen, borst, benen en gezicht. De haartjes zijn in het begin heel dun. Vaak verschijnt het eerste haar op de bovenlip en op een gegeven moment zullen jongens hun gezicht willen scheren. U zou kunnen aanbieden het eerste scheerapparaat te kopen. Vaak willen jongens liever een elektrisch scheerapparaat omdat je je daarmee minder snel snijdt. Ook kunt u uw zoon geruststellen dat zijn haargroei normaal is, vooral als hij zich vroeg of juist laat ontwikkelt.

● De stem wordt lager, bekend als de baard in de keel. Behalve wanneer uw zoon zanger is, hoeft dit niet al te veel zorgen te geven, hoewel tieners er zich soms wel voor schamen. Het kan een paar weken moeilijk zijn om de stem onder controle te houden, maar u kunt uw zoon geruststellen dat het vanzelf overgaat.

● Groei van zaadballen en penis. Het is heel normaal als de ene zaadbal groter is dan de andere en u kunt uw kind daarover dus gewoon geruststellen.

● Acne, vooral in het gezicht, de nek en de schouders, als gevolg van de vetter wordende huid. U zou kunnen voorstellen dat uw zoon zich vaker gaat wassen (hoewel niet obsessief). Ook de haren kunnen vetter worden en moeten vaker gewassen worden.

● Zweet als gevolg van de actiever wordende zweetklieren. U denkt er misschien over om een deodorant te geven maar het is beter om er eerst over te praten.

● De schouders worden breder.

● De spieren worden groter en sterker als uw zoon langer wordt.

● Uw zoon kan natte dromen krijgen. Dat is de uitscheiding van sperma, geen urine, en is heel normaal. Misschien dat u zijn lakens een beetje vaker moet wassen.

● Onwillekeurige erecties kunnen voorkomen als gevolg van opwinding, nervositeit of helemaal zonder reden. Deze onbeheersbaarheid kan zenuwslopend zijn voor een jongen. Het helpt beslist voor het behoud van hun zelfrespect als u er van tevoren over vertelt.

Meisjes – de voornaamste lichamelijke veranderingen bij meisjes zijn:

● Groei van de borsten, vagina en schaamlippen. Het eerste begin van de puberteit kan een meisje meestal zien aan de borstjes die ze krijgt. De beide borsten hoeven niet even snel te groeien en dus niet even groot te worden. Dat is heel normaal. Als uw dochter zich zorgen maakt, kan ze naar de huisarts gaan.

● Haargroei rondom de schaamstreek en de onderarmen. Haar op de armen en benen wordt donkerder. Ook kan het haar op de bovenlip donkerder worden. Meisjes willen misschien hun benen gaan scheren of ontharen. U zou kunnen aanbieden een scheerapparaat, scheergel of ontharingsmiddel te kopen. Het laatste heeft misschien de voorkeur omdat er minder kans is om zich te snijden. Ook wil uw dochter misschien haar haren in het gezicht weghalen of ontkleuren. U kunt samen de opties bespreken. Ook kunt u haar geruststellen dat haar haargroei normaal is, vooral als ze zich vroeg of juist laat ontwikkelt.

● Een wittige of heldere vaginale afscheiding is normaal.

● De menstruatie, gewoonlijk ongesteldheid genoemd, vangt aan. In het begin is de menstruatie waarschijnlijk licht maar ze wordt tijdens het eerste jaar zwaarder. Ook kunnen de bloedingen tijdens de eerste maanden onregelmatig zijn. Vlak voor de ongesteldheid kunnen er krampen optreden, maar een beetje beweging kan verlichting geven.

'Het is vaak goed om je eigen menstruatieproblemen met je dochter te delen om aan te tonen dat je allebei vrouw bent en dat je haar begrijpt. Omdat menstruatiecyclussen binnen het gezin vaak samenvallen, is een zekere sympathie voor elkaars stemmingen, pijntjes, moeheid etc. ook een manier om een hechte relatie te krijgen.'
Moeder van een tienermeisje

- Acne, vooral in het gezicht, op de nek en de schouders, als gevolg van de vetter wordende huid. U zou kunnen voorstellen dat ze zich vaker gaat wassen (hoewel niet obsessief). Ook het haar kan vetter worden en vaker gewassen moeten worden.
- Zweetgeur als gevolg van de actiever wordende zweetklieren. Misschien denkt u erover om een deodorant te geven maar het is beter om er eerst over te praten.
- De heupen worden breder waardoor meisjes in gewicht toenemen.
- De beenspieren worden groter en sterker als uw dochter in de lengte groeit.

Praten over de puberteit

Zoals met alle gesprekken moet u de tijd nemen om in alle rust over dit onderwerp te praten. Het kan echter dat er plotseling een probleem is waar u onmiddellijk iets mee moet. In dat geval is het belangrijker om rustig te luisteren en vragen te stellen, dan uw mening te geven over het onderwerp.

U kunt uw eigen herinneringen gebruiken, vooral als u hetzelfde geslacht hebt, en met elkaar het feit delen dat het bij uw kind zeer waarschijnlijk hetzelfde verloopt als bij u. Wel is het verstandig om meer over het onderwerp puberteit te lezen. Hoe meer kennis u hebt, hoe meer u die kunt delen en hoe meer zelfvertrouwen u uw puber kunt geven, omdat u zich zekerder voelt.

Tijdens een gesprek zou uw rol eruit moeten bestaan uw kind zo veel mogelijk zelf antwoorden te laten vinden. Denk niet dat u moet vertellen wat het moet doen (zoals welk menstruatieproduct uw dochter moet gebruiken). U komt veel verder met opmerkingen als 'Als je dat wilt, help ik je erbij', dan met uitspraken als 'Ik denk niet dat je daar al aan toe bent'.

Imago – de zorgen over het uiterlijk en de hygiëne en andere problemen die met het zelfrespect te maken hebben

'Het ontwaken van de bewustwording van het andere geslacht leidt ertoe dat ze volledig in beslag worden genomen door uiterlijk, gewicht, lengte, grootte van de geslachtsorganen enzovoorts. Lichaamsgeur verandert van de vieze zweetfase naar het overdadige gebruik van sterk geurende bodysprays die me regelmatig de adem benemen.'

OUDER VAN TWEE TIENERS

Het is bijna onvermijdelijk dat uw kind tijdens de puberteit zich zorgen gaat maken over het uiterlijk. Inderdaad dacht 38% van de ouders dat dit een van de voornaamste dingen was waarover hun tiener zich zorgen maakte. De fysieke redenen hiervoor zijn de veranderingen die plaatshebben binnen in hun lichaam. Maar daarnaast zijn het de onzekerheid die teweeggebracht wordt door de hormonale veranderingen die aan de gang zijn en het gevoel geen controle te hebben over de ontwikkeling van hun lichaam.

Tevens is duidelijk bewezen dat de manier waarop de media het lichaam afbeeldt, met name de tv, bij zowel meisjes als jongens leidt tot een ontevredenheid over het eigen lichaam.[10] In de afgelopen jaren heeft dit een steeds grotere invloed op jonge mannen gehad, daar het aantal eetstoornissen onder hen is gegroeid. Niettemin is het aantal eetstoornissen onder meisjes veel groter (zie hoofdstuk 10).

'Haar zelfvertrouwen over haar uiterlijk ligt onder nul en weerhoudt haar ervan dat ze intens van het leven kan genieten. Het breekt mijn hart, want ze is heel mooi maar ziet dat zelf niet.'
OUDER VAN EEN **17**-JARIG MEISJE

Natuurlijk wilt u als ouder niet dat uw kind aan een eetstoornis leidt. Dus is het belangrijk geen commentaar te leveren op hun gewicht, niet in de vorm van kritiek omdat ze te zwaar zijn, maar ook niet te veel complimentjes over hun slank-zijn. Positieve opmerkingen, zolang ze oprecht zijn, over andere aspecten van uw tiener helpen het zelfrespect groter te maken.

U moet het absoluut vermijden om negatieve opmerkingen over het uiterlijk van uw tiener te maken. Nog nooit was het zo moeilijk om op uw tong te bijten als bijvoorbeeld uw dochter besluit een heel onthullende outfit te dragen of uw zoon zijn haar over zijn ogen laat groeien. Dus als het niet verstandig is om negatieve opmerkingen te maken, hoe kunt u dan uw kind positieve beslissingen over zijn imago helpen nemen?

Het antwoord op die vraag ligt in het verpakken van uw suggesties in vragen, met name open vragen, en uw tiener deze vragen zelf te laten beantwoorden. Open vragen zijn per definitie vragen die niet met een ja of nee beantwoord kunnen worden en beginnen met een van de volgende zes vraagwoorden: wie, waarom, wat, wanneer, waar en hoe.

Hier volgen een aantal voorbeelden:
U wilt zeggen: 'Je ziet er vreselijk uit met die pet op.'
U zegt: 'Welke look probeer je over te brengen?'

De toon waarop u het zegt, is net zo belangrijk. Die moet neutraal klinken, zodat het niet als kritiek opgevat kan worden. In dit voorbeeld kunt u alleen wat gebrom als antwoord krijgen of zoiets als 'Dit is cool'. Een antwoord dat zijn idee steunt: 'Als jij je zo cool voelt, vind ik dat prima', zal niet een onmiddellijke verandering tot gevolg hebben, maar zorgt er wel voor dat hij zich gesteund voelt. Dit maakt een verdere discussie over mode mogelijk en maakt uw kind misschien onafhankelijk van het imago dat van hem 'verwacht' wordt.

U wilt zeggen: 'Maandverband is veel fijner want zelf vond ik het gebruik van tampons heel lastig.'
U zegt: 'Hoe vind je tampons in vergelijking met maandverband?'

Op de juiste toon gezegd, kan dit het begin zijn van een positief gesprek over menstruatieproducten. Wederom geeft ook een kort antwoord u de gelegenheid uw dochter te steunen: 'Als jij tampons fijner vindt, dan koop ik ze voor je.' Dit kan al dan niet leiden tot een verdere discussie, maar uw dochter voelt zich in elk geval gesteund.

Met deze benadering moet u er wel rekening mee houden dat uw kind het oneens met u kan zijn en moet u beslissen waar uw grenzen liggen. Als u bijvoorbeeld tegen een piercing bent, moet u dit aan uw tiener duidelijk maken. Maar u moet uw kind ook de gelegenheid geven zijn mening te uiten en ernaar luisteren. Als uw kind boos wordt, is het beter zelf kalm te blijven en te benadrukken dat, hoewel u snapt dat uw tiener het graag wil, u de ouder bent en dit een onderwerp is waar u duidelijke grenzen stelt.

Hygiëne

Uit ons onderzoek bleek...

Persoonlijke hygiëne, zoals het niet genoeg douchen, wordt door 9% van de ouders uit ons onderzoek genoemd als conflictstof met hun tieners.

Nog een consequentie van de puberteit is dat hygiëne belangrijk wordt. Tieners zijn zich hier niet altijd bewust van en dus is het belangrijk ervoor te zorgen dat ze het belang van een schoon lichaam begrijpen, voor hun uiterlijk en lichaamsgeur: puistjes en zweetlucht. Voor meisjes komt er nog de hygiëne rondom de menstruatie bij. Door de feiten over de puberteit te kennen, kunnen tieners gemakkelijker beslissingen nemen over de hygiëne. U kunt aanbieden de deodorant, douchegel of het menstruatieproduct te kopen welke zij graag willen. Op die manier hebben zij er enige zeggenschap over maar blijft u erbij betrokken. Maar ze kunnen ook om geld vragen en dan moet u beslissen of u zoveel zelfstandigheid toelaat, omdat het betekent dat u hen weer een beetje meer moet loslaten – maar het geeft hun wel de mogelijkheid eigen keuzes te maken.

Als ze een beetje laks zijn wat hun hygiëne betreft, is het beter om een gesprek te plannen waarin u dit bespreekt. Terloopse of botte opmerkingen moet u beslist vermijden.

Het is goed om tegen uw tiener te zeggen dat u de lakens vaker zult verschonen. En ook dat u dit graag zult doen als uw tiener er om wat voor reden ook om vraagt, bijvoorbeeld vanwege sperma of menstruatiebloed (ze zullen u waarschijnlijk niet de reden vertellen – zie het commentaar van een ouder hieronder). Als u het wassen van de lakens voor uw rekening neemt, is dit gemakkelijk in praktijk te brengen. Als van tieners verwacht wordt dat zij zelf hun was doen, is het handig om samen te bespreken hoe ze dit gaan aanpakken en duidelijke afspraken te maken.

Gedrag

'De kans dat een jongen vertelt dat zijn lakens moeten worden verschoond vanwege een zaadlozing is minder dan nul. Ik ging gewoon zijn kamer binnen als hij op school zat en verschoonde zo nodig het bed zonder enig commentaar.'
Ouder van een tienerjongen

Fysiologische veranderingen hebben invloed op het gedrag. Hormonen kunnen de seksuele motivatie beïnvloeden maar de puberale ontwikkeling is net zo belangrijk. De hormonale verandering leidt ongetwijfeld tot masturbatie maar hoeft er niet per se toe te leiden dat ze seksueel actief worden.

Dit laatste hangt samen met nog vele andere factoren waarmee jonge mensen op sociaal gebied te maken krijgen.[11] Het is onduidelijk of het waar is dat er meer sprake is van depressie en stemmingswisselingen tijdens de puberteit. Er zijn grote verschillen bij pubers onderling en wat u betreft liggen uw zorgen bij uw eigen kind.[12]

De manier waarop uw tiener zich gedraagt, is het resultaat van een heleboel factoren, zowel fysieke als mentale. Daarom moet u ervoor oppassen dat u zich niet alleen richt op het gedrag dat uw kind laat zien. Omdat de cumulatieve, simultane gebeurtenissen van de puberteit, school, leeftijdgenoten en familieveranderingen allemaal van invloed zijn op de sociale vaardigheid[13], kan het de moeite waard zijn om hier allemaal rekening mee te houden in het opbouwen van uw relatie met uw tiener.

Sommige onderzoekers zijn van mening dat pubers vrij goed om kunnen gaan met stress veroorzakende veranderingen als ze één ding per keer het hoofd moeten bieden.[14] Bij diegenen die meerdere dingen tegelijk moeten verwerken, bestaat de meeste kans dat er problemen ontstaan. Dus belast uw kind niet te veel. Pak problemen een voor een aan en houd het bij die ene kwestie. Dat kan betekenen dat andere dingen moeten wachten, maar één probleem oplossen tijdens een gesprek is gewoonlijk al een hele prestatie. Om andere kwesties die zich voordoen niet te vergeten, kunt u ze eventueel opschrijven en er later op een goed moment op terugkomen.

Probeer altijd gevoelig op uw kind te reageren en laat met woorden en lichaamstaal weten dat u meeleeft met zijn of haar problemen en zorgen. Hiervoor zult u beslist veel geduld en zelfbeheersing nodig hebben, maar als u de confrontatie zoekt, kunnen de gevolgen veel erger zijn. Het slechtste dat er kan gebeuren als u zich niet confronterend opstelt, is dat uw tiener zegt dat u soft bent. Maar als u uw gevoelige benadering combineert met duidelijke regels die u al in het begin van de tienerjaren hebt opgesteld, zult u een goede balans tussen controle en loslaten vinden.

Verlate ontwikkeling

Voor tieners kan een verlate puberteit heel verontrustend zijn. Laat is als de puberteit bij meisjes van dertien en jongens van veertien nog niet begonnen is. Als uw tiener laat in de puberteit komt, is het verstandig om naar de kinderarts te gaan.

Als het hele proces van de puberteit na vier tot vijf jaar niet voltooid is, of als bij een meisje de menstruatie op 16-jarige leeftijd nog niet is begonnen, wordt dit ook als verlate puberteit beschouwd.

De meeste kinderen die verlaat in de puberteit komen, zijn zo gezond als een vis. Ze zijn gewoon wat laat in hun groei en ontwikkeling. Omdat de genen het begin van de puberteit beïnvloeden, kan dit de reden zijn van de verlate puberteit en kunt u uw kind geruststellen. Soms kan het echter voorkomen dat er onvoldoende geslachtshormonen (oestrogeen of testosteron) afgescheiden worden. Als dat het geval is, kan de kinderarts de juiste behandeling voorschrijven.

Omdat elke vertraging in de puberteit goed te zien is, krijgt u alle gelegenheid om de psychologische effecten ervan te verzachten. Hoe positief u echter ook naar uw kind toe bent, het kan toch gefrustreerd raken en zich schamen vanwege het besef minder volwassen te zijn dan leeftijdgenoten. U kunt helpen door andere gelegenheden te verzinnen waarin de volwassenheid van uw kind wordt benadrukt, zoals toestaan dat uw kind zijn eigen kleren koopt of zelf mag beslissen over de inrichting van de slaapkamer.

Meisjes bij wie de ontwikkeling is vertraagd, willen misschien een voorgevormde bh dragen of zelfs een menstruatieproduct kopen. Door vragen te stellen kunt u uw dochter hierover positieve beslissingen helpen nemen. Misschien wilt u dan ook vragen stellen over eerlijkheid, zodat hier goed over nagedacht is.

Seks

Het is altijd goed om in gedachten te houden dat de puberteit er is om ons voor te bereiden op seksuele activiteit en, wat de meeste mensen betreft, voortplanting. Door de hormonale veranderingen komt de geslachtsdrift van pubers tot ontwikkeling, die er eerder niet was. Dat kan een aantal gevolgen voor tieners hebben:

● Ze kunnen verward raken door de seksuele behoefte die ze voelen en zich gaan terugtrekken of irrationeel gedragen. In eerste instantie moet u ervoor zorgen dat zij weten waarom deze veranderingen plaatsvinden, zodat ze er beter mee om kunnen gaan. Later kan het misschien nodig zijn dat u veel begrip voor hun gedrag toont en hun eigen begrip versterkt waarom ze zich zo voelen.

● Ze kunnen zich schamen voor de seksuele opwinding die ze op ongeschikte momenten voelen. Dit gaat vooral over jonge mannen die hun erecties niet onder controle hebben. Dat gegeven doet het heel goed in een komische tv-serie, maar in werkelijkheid is het helemaal niet grappig. Het is duidelijk dat als ze weten waarom het gebeurt, ze zich minder zullen schamen en dus hoort het geven van deze informatie bij de ouderlijke verantwoordelijkheid.

● Uw tiener kan verliefd worden op een oudere persoon (en niet altijd van het andere geslacht), zoals een lera(a)r(es) of een jongerenwerk(st)er, mogelijk omdat die persoon aardig, volwassen of onbereikbaar is. Dit kan leiden tot schaamte of soms ongepast, promiscue gedrag. U mag hopen dat mensen in een autoritaire positie zo'n situatie snel en vertrouwelijk afhandelen, maar dat is niet altijd zo. Zoals met alles is het beter om samen met uw tiener over dit onderwerp te praten voordat de situatie zich voordoet. U zou erop kunnen letten of uw tiener nors wordt als school of jeugdclubjes ter sprake komen, maar die norsheid kan ook andere redenen hebben. Het is natuurlijk altijd mogelijk om een vertrouwelijk gesprek te houden met een leraar, jeugdwerker en andere deskundige, dus wees niet bang te vragen hoe het met uw tiener gaat en uw eventuele zorgen te uiten.

● Frustratie kan moeilijk zijn voor de tiener die niet in staat is zijn of haar seksuele behoefte te vervullen. De normale manier om hiermee om te gaan is masturbatie, wat de meeste jongens en meisjes doen om aan hun behoefte tegemoet te komen. Wederom geldt hier dat een gewaarschuwd mens voor twee telt, dus zou u bereid moeten zijn om er al vroeg in de puberteit een gesprek over te voeren.

● U staat niet alleen als u seks en ook roken of drugsgebruik voor uw 16-jarige afkeurt[15] vanwege de seksuele moraal en de gezondheidsimplicaties. Als jonge mensen zich inderdaad houden aan het standpunt of de regels van hun ouders, wordt dit meestal bereikt door beloning en niet door sancties. Jongeren die een moreel verbod krijgen en besluiten zich hier niet aan te houden, gaan het vaak in het geheim doen.

Het kan zijn dat u wordt geconfronteerd met het feit dat uw kind seks heeft voordat het 16 jaar is. Hoewel seks voor het 16de jaar verboden is, is de realiteit vaak anders. Onderzoek heeft aangetoond dat 24-26% van de jongeren van 15-16 jaar ervaring heeft gehad met geslachtsgemeenschap.[16]

Als ouder moet u met de reële mogelijkheid rekening houden dat uw kind veel eerder seks heeft dan u zou willen. Maar u moet tevens beseffen dat, samen met driekwart van de ouders,[17] u helemaal niet te weten komt dat uw kind seks heeft. Het is beter om niet tot de 80% van de ouders te behoren die zulke onderwerpen aan leraren overlaat[18] in plaats van er zelf over te praten.

Ook is het zeer waarschijnlijk dat uw kind een heleboel over seks te weten komt uit andere bronnen dan die van u. Terwijl u hoopt dat school de voornaamste informatiebron is, kan de kennis van uw tiener in meer of mindere mate afkomstig zijn van leeftijdgenoten, broers en zussen, tijdschriften, televisie en, wat tegenwoordig vaker het geval is, internet. Deze informatie is deels op feiten gebaseerd en deels heel misleidend.

Ook pornografie behoort tot de informatiebronnen. Met de groei van het gebruik van internet kunnen kinderen daar veel gemakkelijker toegang toe krijgen. Omdat er in veel pornografie een heel onrealistisch beeld van seks wordt afgeschilderd, kan dit bij uw kind tot nog grotere verwarring leiden.

Hieruit volgt dat het heel belangrijk is om goede en recente informatie tot uw beschikking te hebben en u niet alleen te baseren op uw eigen ervaringen.

Wat zeg je en hoe zeg je het

'Ik probeerde met hem over seks te praten maar ik denk dat hij zich nog meer schaamde dan ik.' MOEDER VAN EEN **14**-JARIGE JONGEN

'Ik wist dat mijn tieners van mening waren dat zij meer van seks wisten dan ik, dus was het belangrijk hen niet als onmondig te be- handelen. Ik bracht het onderwerp ter sprake door te zeggen dat ik geen speech ging houden, maar dat ik hoopte dat ze zichzelf respec- teerden en dat ze zich nooit gebruikt of vies zouden voelen na een seksueel contact. Het was ongelofelijk wat er allemaal uitkwam toen ze begrepen dat ik hen vertrouwde en hun eigen beslissingen liet nemen.' OUDER VAN TWEE TIENERS

Het lijkt misschien lastig om seksualiteit ter sprake te brengen, maar dat hoeft het niet te zijn. Het is goed om terug te denken aan uw ei- gen eerste seksuele ervaringen voordat u het onderwerp met uw tiener bespreekt. Hoe beter u zich op uw gemak voelt, hoe rustiger u op uw kind overkomt.

In een gesprek over seks is het beter om vooral uw kind aan het woord te laten. Wees niet bang om gevoelige vragen te stellen: 'Heb je seks gehad?' en 'Gebruik je anticonceptie?' Zorg er wel voor dat uw toon neutraal is en niet beschuldigend klinkt en dat uw lichaamstaal open is (niet de armen over elkaar!). Door open vragen te stellen, hebt u de leiding in het gesprek en kan uw kind vrijuit spreken. Alles wat u hebt geleerd over positieve lichaamstaal zult u nodig hebben om uw kind op zijn gemak te stellen – knikken als uw tiener praat, samen lachen enzovoorts – maar u wordt beloond als u wordt toegelaten tot hun gedachten.

Natuurlijk kan het gebeuren dat, wat u ook zegt en hoe u het ook zegt, uw tiener toch niet vrijuit wil praten of zegt dat u er niets van begrijpt. De realiteit is dat ouders en pubers vaak dezelfde waarden hebben maar dat pubers het idee hebben dat hun ouders er heel andere denkbeelden op na houden dan in werkelijkheid het geval is.[19] Het enige dat helpt om door deze barrière te breken is geduld. Het heeft geen zin om er ruzie over te maken of straf te geven. U moet uw hele arsenaal aan communicatiemiddelen blijven inzetten en erop vertrouwen dat uw kind uiteindelijk zal reageren.

Hoe groter het seksuele bewustzijn, hoe meer u met allerlei toestanden geconfronteerd zult worden. Uw masturberende tiener op heterdaad betrappen (iets wat vaak voorkomt, wat niet vreemd is omdat het door de meerderheid van de bevolking en door veel tieners vrij regelmatig gedaan wordt) zal een peulenschil lijken als u eenmaal te maken krijgt met de emotionele ups en downs van liefdesrelaties.

Is er geduld nodig tijdens een gesprek over seks, dan geldt dat nog meer als u over onderwerpen praat waar emotioneel bewustzijn voor nodig is. Het is veel eenvoudiger, hoewel misschien ongemakkelijk, om over fysieke onderwerpen te praten die uw tiener tenminste kan begrijpen, dan over de gevoelens die tieners krijgen als ze een emotionele band met een andere persoon aangaan. Zoals altijd kan het goed zijn om uw eigen ervaringen te delen, maar het is veel waardevoller als u luistert en uw tiener de ruimte schenkt om te praten zonder kritiek te leveren. Tevens moet u bereid zijn om uw kind onvoorwaardelijk te steunen, ook als u vindt dat hij of zij weleens ongelijk kon hebben. Als uw tiener bereid is om vrijuit met u over zo'n onderwerp te praten, mag u met kritiek uw kind niet van u afduwen.

Seksuele oriëntatie

Tot nu toe hebben we geen veronderstellingen gedaan over de hetero-, homo- of biseksualiteit van uw tiener. Dit is belangrijk omdat we dat niet gaan doen en u het ook niet zou moeten doen. Hoe u ook tegenover homoseksualiteit of heteroseksualiteit staat, het is belangrijk dat u hierover geen veronderstellingen doet in relatie tot uw kind. Want als u negatief tegenover homoseksualiteit staat en uw kind is homo, dan staat dat een succesvolle communicatie in de weg en kunt u van uw kind vervreemd raken. De realiteit is dat, wat u ook doet, u de seksuele geaardheid van uw kind niet kunt veranderen. Dus waarom zou u het proberen?

'Hij blijft onze zoon en we zouden het altijd accepteren (als hij ons zou zeggen dat hij homo was). Zolang hij maar gelukkig is, dat is het enige dat telt.' OUDER VAN EEN **16**-JARIGE JONGEN

'Om eerlijk te zijn zou ik het heel erg vinden, maar ik zou het wel moeten accepteren.' OUDER VAN EEN **18**-JARIGE JONGEN

'Ik zou me zorgen maken. Het is een moeilijke weg, omdat er nog zo veel mensen tegen homo's zijn.' OUDER VAN EEN **15**-JARIG MEISJE

'Ik zou er helemaal niet mee zitten. Ik bespreek dit vaak met mijn dochter.' OUDER VAN EEN **15**-JARIG MEISJE

'Ik zou verdrietig zijn vanwege het verloren leven dat ik me voor haar had voorgesteld. Het rouwproces om de toekomst die ze niet zou krijgen zou heel veel tijd kosten – kleinkinderen, trouwen enzovoorts.' MOEDER VAN EEN **15**-JARIG MEISJE

. . . .

'Ze is mijn dochter en ik hou onvoorwaardelijk van haar, dus ik zou er niet mee zitten.' OUDER VAN EEN TIENER

'Ik zou teleurgesteld zijn. Ik zou me gelukkiger voelen als ze een normale man/vrouwrelatie zou krijgen.' OUDER VAN EEN **16**-JARIG MEISJE

'We denken dat hij homo is, maar hij geeft het niet toe. We hebben gezegd dat het ons niet uitmaakt.' OUDER VAN EEN **18**-JARIGE JONGEN

'Het zou weer een nagel aan onze doodskist zijn als ze lesbisch was.' OUDER VAN EEN **16**-JARIG MEISJE

Een jonge homo, lesbienne of biseksueel zal in de maatschappij ongetwijfeld met discriminatie te maken krijgen. Als uw kind vertelt niet heteroseksueel te zijn, is het belangrijk dat u samen hierover kunt praten en dat u laat merken dat het welzijn van uw kind u aan het hart gaat, wat u ook vindt van zijn of haar seksuele geaardheid.

Lastiger onderwerpen zijn travestie of transgenderisme. Hoe moeilijk u dat misschien ook vindt, het is minder erg dan wat een tiener die deze verwarrende gevoelens heeft, moet doormaken. Weer gaat het er hier niet om of u ruimdenkend bent of niet. Wat nodig is, is dat u uw tiener de ruimte geeft om er met u over te praten en dat u probeert het zo veel mogelijk te accepteren en tegelijkertijd laat zien dat u om uw kind geeft.

Misschien ondervindt u problemen met betrekking tot dit onderwerp en hebt u de steun van andere mensen in dezelfde situatie nodig. SLOW, Stichting Landelijk Overleg Werkgroepen ouders van homoseksuele kinderen in Nederland, is opgericht om u te helpen de homoseksualiteit van uw zoon of dochter te accepteren. U vindt er informatie en ervaringen van andere ouders (**www.oudersvaneenhomokind.nl)**.

In België bestaat er de anonieme telefoonlijn holebifoon, waar iedereen vragen kan stellen aan de medewerkers met betrekking tot homoseksualiteit. Ook per e-mail kunt u vragen stellen (**www.holebifoon.be)**.

Riskant gedrag

Grote kans dat uw tiener zich in meer of mindere mate inlaat met risicovol gedrag. Hoewel het causaal verband niet bewezen is, vertonen jongeren met bepaald risicovol gedrag – zoals alcohol- of drugsmisbruik – ook ander risicovol gedrag.

Jonge mensen zijn zich bewust van de risico's verbonden aan hun gedrag maar zoeken niet altijd naar de juiste informatie die officiële instanties zoals de school[20] geven om die risico's te beperken. Als ouder kunt u uw kinderen helpen hun verantwoordelijkheid te nemen door hen openhartig en onbevooroordeeld feitelijke informatie te geven. Als u de risico's van een bepaald gedrag bespreekt, kan dit een positieve benadering zijn van de dingen waar uw kind mee bezig is.

Zowel jongens als meisjes vinden risico's leuk. Jonge mannen geven echter aan veel minder bang te zijn voor risico's dan jonge vrouwen.[21] Dat is goed om in gedachten te houden als u met uw tiener praat.

Uw kind moet op de hoogte zijn van seksueel overdraagbare aandoeningen om maatregelen te kunnen nemen. Als u zelf deze informatie geeft, creëert u een open communicatie, wat leidt tot een groter wederzijds respect, vooropgesteld dat u er zonder schaamte over kunt praten. Maar informatie geven over bijvoorbeeld aids beïnvloedt op zichzelf niet het gedrag.[22] Het is belangrijk om eerlijk met uw kind over seks te praten om de overgang naar volwassenheid probleemloos te laten verlopen.

De realiteit is dat minder dan 20% van de informatie over seks aan pubers afkomstig is van moeders en slechts rond de 2% van vaders.[23] In gezinnen waar kinderen openlijk met hun ouders over seks kunnen praten, zijn kinderen minder snel seksueel actief.[24] Als u een open communicatie mogelijk maakt en bereid bent onderwerpen over seks *met* uw tiener te bespreken, in plaats van uw kind te vertellen wat het moet doen, wordt de kans dat uw puber verantwoordelijk met seks omgaat veel groter.

Waar haalt uw tiener de kennis vandaan? Volgens een bron vormen lesprogramma's op school, zoals informatie over aids door middel van stencils en video's, de voornaamste bron van informatie over anticonceptie, geboortebeperking en het voorkomen van zwangerschap onder pubers.[25] Dit betekent dat het belangrijk is dat u contact hebt met de school van uw kind en er in ieder geval voor moet zorgen dat u evenveel informatie hebt als zij. In de begeleiding die scholen krijgen, wordt verteld dat samenwerking met de ouders gewenst is wat betreft het plannen en geven van onderwijs over seks en relaties.[26] Dus de school zou u op de hoogte moeten brengen van de informatie die er gegeven wordt. Zo kunt u bekijken of u daar tevreden mee bent en hoe u deze informatie thuis kunt aanvullen (of hoe deze informatie een aanvulling is op wat u met uw kind bespreekt).

Onderwijs over seks en gezondheid behandelt de onderwerpen zelden in een emotionele of relationele context. Als ouder hebt u wel die mogelijkheid door zowel de feiten als de gevoelens te bespreken als twee mensen seks met elkaar willen. Als u in staat bent open met uw tiener uw gevoelens over seks te delen, zal uw tiener gemakkelijker met u over zichzelf gaan praten.

Een belangrijk onderwerp om met uw tiener te bespreken, is het gebruik van condooms. In een omgeving waar soa's wijd verspreid zijn, is dit na onthouding de beste manier om een ziekte te voorkomen. Voeg daar het feit aan toe dat tevens een zwangerschap wordt voorkomen en u hebt het gebruik van condooms prima gepromoot. Voor lesbiennes is het probleem dan nog niet opgelost. Een vrouwencondoom, hoe lastig misschien ook, is nog steeds een effectief middel tegen een soa.

Hoe belangrijk is een gesprek hierover? De meeste jonge mensen blijken nog steeds niet altijd een condoom te gebruiken. In een onderzoek in 2005 gaf twee derde van de jongeren tussen 16-21 jaar aan niet consequent condooms te gebruiken bij vaginale seks. Het consequente gebruik van beschermende anticonceptie bij orale en anale seks was tevens zorgwekkend laag.[27] Zulke feiten tonen aan dat het heel belangrijk is om aandacht te besteden aan de bescherming van uw kind en ervoor te zorgen dat het gedrag van uw tiener zijn of haar gezondheid niet in gevaar brengt.

Extra hulp

Jongeren tussen 12 en 25 jaar kunnen in België anoniem terecht in een JAC (Jongeren Advies Centrum) voor informatie, advies en hulp (www.jac.be).

Andere sites over seksualiteit: www.allesoverseks.be en www.jeugdenseksualiteit.be of www.sensoa.be met het nummer van de Veiligvrijenlijn.

Voor Nederland is er de algemene site www.seksualiteit.nl met een verwijzing naar www.sense.info voor jongeren, waar ze alles vinden rondom hun lichaam, seks en relaties.

Op www.safesex.nl is er voor jongeren alles te vinden over veilig vrijen.

HOOFDSTUK 8

FAMILIERELATIES

Het sociale leven staat centraal voor tieners en ook hun opbloeiende liefdesrelaties. Maar de relatie met familieleden – ouders, grootouders en broers en zussen – is de ruggengraat die alles bij elkaar houdt. Dit hoofdstuk richt zich op allerlei aspecten van het gezinsleven die problemen kunnen geven.

Gezonde familierelaties

Een gezonde familierelatie thuis is heel gunstig voor de geestelijke gezondheid van de zich ontwikkelende puber. Maar wat betekent dat precies? Betekent dit dat u niet boos mag worden? Dat broers en zussen geen ruzie met elkaar mogen maken? Dat 'gebroken' gezinnen een groot taboe zijn?

Een gezonde familierelatie kan de volgende kenmerken hebben:

● Ouders worden wel boos op hun tieners, maar zijn gewoonlijk in staat om de dingen op een kalme en goede manier op te lossen (meestal!).
● Ouders gaan niet ruw met hun kinderen om (bv. door hen te kleineren of mentale of fysieke schade toe te brengen).

● Broers en zussen maken wel ruzie en vechten wel met elkaar, maar beschermen elkaar tegen mensen buiten het gezin (zoals voor elkaar opkomen op het schoolplein).

● Er kan een 'breuk' in het gezin zijn, maar bij moeilijkheden krijgen de kinderen altijd voorrang.

● Kinderen voelen dat ze met een gezinslid over hun problemen kunnen praten.

● Gezinnen eten meerdere keren per week samen aan tafel.

● Kinderen worden regelmatig door hun ouders geprezen.

● Ouders, of die nu samenleven of niet, tonen interesse voor de school en het sociale leven van hun kind.

De invloed van een afwezige vader/ouder

Volgens het *National Father Initiative* in Amerika heeft een afwezige vader slechte gevolgen voor kinderen:

● Bij kinderen zonder vader is er vaker sprake van schooluitval.

● Meisjes zonder vader worden als tiener vaker zwanger.

● Kinderen van wie de vader niet meer bij hen woont, scoren lager bij toetsen.

● De afwezigheid van een vader draagt bij tot jeugddelinquentie.

Maar heeft die echt altijd zulke slechte gevolgen? Zijn alle tieners gedoemd tot onderpresteren als papa vertrekt? Het antwoord, zoals veel alleenstaande ouders die situatie zullen beamen, is pertinent nee. De manier waarop ermee wordt omgegaan, de betrokkenheid van de afwezige ouder, de houding van beide ouders... Dat zijn allemaal belangrijke factoren die van invloed zijn op de effecten voor uw kind.

Vaders (of, in mindere mate, moeders) kunnen om verschillende redenen 'afwezig' zijn, zoals een scheiding, dood of hechtenis. In het
geval van een scheiding kan het contact met de afwezige ouder variëren van helemaal geen contact tot regelmatige bezoeken en co-ouder-
schap. De ouder is misschien jarenlang afwezig geweest of er kan een
nieuwe situatie voor uw tiener zijn ontstaan.

Omdat er zoveel verschillende situaties mogelijk zijn, is het moeilijk
een algemeen advies te geven. In plaats daarvan richten wij ons op
twee situaties die vaak voorkomen: die van een gescheiden vader die
helemaal geen contact meer heeft en die van een betrokken vader (of
moeder) die niet meer thuis woont.

1. Totaal/bijna afwezige ouder

In deze situatie is de ouder helemaal verdwenen uit het leven van het
kind; er kan sporadisch contact zijn, maar de afwezige ouder speelt
bijna of helemaal geen rol in het dagelijkse leven van de tiener. De
afwezige ouder kan ver weg wonen (in een ander land), een ander
gezin hebben of in de gevangenis zitten. Elke situatie brengt specifieke
moeilijkheden met zich mee voor de puber (die, wat we niet moeten
vergeten, tegen deze achtergrond worstelt met de eigen identiteit en
het gevoel van eigenwaarde). Dat kan het volgende betekenen:

Een gevoel dat de afwezige ouder hen in de steek laat. Voor een
ouder is het ontzettend moeilijk om te moeten toezien hoe het kind
teleurstelling na teleurstelling te verwerken krijgt omdat hun vader (of
moeder) zich niet aan de afspraken houdt, verjaardagen vergeet of
herhaaldelijk op het laatste moment bezoekjes afzegt. De tiener die dit

ondergaat, kan tot in het diepst van zijn ziel geraakt worden. Het broze gevoel van eigenwaarde is nauw verbonden met hoe belangrijk anderen hen vinden. De manier waarop zij door anderen behandeld worden is, zo redeneren zij, een nauwkeurige reflectie van hun eigenwaarde. Het is voor tieners moeilijk om zich niet afgewezen te voelen door zo'n ouder. Die gevoelens kunnen ofwel worden geëxternaliseerd (dit gaat niet over mij – het is mijn vader die idioot is) of geïnternaliseerd (mijn vader behandelt me zo omdat ik saai/verachtelijk/afschuwelijk ben).

'Mijn dochter is vaak door haar vader in de steek gelaten. Hij doet beloftes waar hij zich niet aan houdt en maakt afspraken die hij niet nakomt. Ik heb het gevoel dat mijn dochter denkt dat het haar schuld is – dat als ze leuker of mooier was hij wel geïnteresseerd zou zijn. Ze doet zo haar best om zijn goedkeuring te krijgen en om zijn aandacht te behouden.' OUDER VAN EEN **15**-JARIG MEISJE

De 'aanwezige' ouder zou het zelfrespect van zijn kinderen zo groot moeten maken dat ze de acties van hun vader gaan externaliseren in plaats van internaliseren. Dat is niet gemakkelijk, maar u kunt steeds weer wijzen op hun positieve eigenschappen ('Je hebt een heleboel vrienden, dus er kan gewoon niks mis met jou zijn'), extra lief zijn op kwetsbare momenten en ze eraan blijven herinneren dat u zo blij bent dat zij er zijn.

Het gevoel dat de afwezige ouder niet van hen houdt. Als de afwezige ouder weggaat of heel erg afgeleid wordt door een nieuwe partner, voelt de achtergelaten tiener zich al snel niet geliefd en afgewezen. Soms worden tieners onzeker en vragen ze zich af of en wanneer ook u hen beu wordt en niet meer van hen houdt. Dit kan zich uiten door uitdagend gedrag, dat tot doel heeft uw grenzen te testen en te kijken of ze u van zich af kunnen duwen; ze willen weten of uw liefde voorwaardelijk is en of u hen ook in de steek laat als het moeilijk wordt.

Blijf uw onvoorwaardelijke liefde geven, wat niet betekent dat u onredelijk gedrag moet accepteren. En maak duidelijk dat u er altijd voor hen zult zijn. Moedig aan om met u te praten over hun vader (of moeder) en hoe ze zich voelen door zijn (haar) manier van doen. Neem hun gevoelens serieus en probeer niet de ideeën die erachter zitten in twijfel te trekken (bv. 'Wat een onzin – natuurlijk houdt je vader van jou!').

Betrokken worden bij de gevoelens van de ouder jegens de expartner. Zeer waarschijnlijk zijn uw gevoelens voor uw ex onmiskenbaar negatief (of om het recht voor z'n raap te zeggen, u haat die k***** om wat hij uw tiener aandoet!). Maar hij blijft de ouder van uw kind, dus kunt u verscheurd raken tussen het beschermen van uw kind en precies zeggen zoals het is. Heeft uw tiener er iets aan om te weten wat een liegende, bedriegende sukkel zijn of haar vader is of is het beter om excuses voor hem te maken ('Hij heeft het *heel* druk op zijn werk en kon dit weekend niet hierheen komen')?

Hoe ouder tieners worden, hoe minder ze u zullen bedanken omdat u hun gevoelens beschermt. Ze willen de waarheid, hoe moeilijk die ook te verteren is, en hoe eerder ze die weten, hoe eerder ze de waarheid tot zich kunnen laten doordringen. Dus misschien is het beter om de feiten te vertellen ('Dat was je vader – hij zei dat hij het weekend met zijn nieuwe vriendin gaat doorbrengen, dus kan hij je niet zoals gepland op zaterdag zien'). Maar probeer wel uw mening en gevoelens voor u te houden ('Dat was je waardeloze vader – hij zegt dat hij het weekend weer gaat doorbrengen met zijn ordinaire nieuwe vriendin, dus kan hij je niet zoals gepland op zaterdag zien. Nou, het wordt hoog tijd dat hij zijn prioriteiten stelt en zich gedraagt als een echte vader.'). Laat tieners zelf beslissen wat ze ervan vinden.

Uw tiener heeft gemengde gevoelens voor de afwezige ouder. Uw tiener wordt zeer waarschijnlijk heen en weer geslingerd tussen haat en liefde voor zijn of haar vader – in feite voelt hij of zij hetzelfde voor u, afhankelijk of u nu in een goed blaadje staat of niet. Maar wat de afwezige ouder betreft is er mogelijk nog een extra laagje emotionele complexiteit waar tieners mee worstelen – namelijk het verenigen van hun gevoelens voor de andere ouder met hun gevoelens voor u. Wat gebeurt er bijvoorbeeld als ze hoe dan ook hun ontrouwe ouder verontschuldigen en van die ouder houden en hem fel verdedigen? Hoe kunnen ze dat combineren met de kennis dat de vader van wie ze houden u zo slecht behandeld heeft (of, inderdaad, henzelf slecht behandelt)?

Deze toestand van 'cognitieve dissonantie' betekent een psychologische last waar ze alleen mee kunnen omgaan door een van de tegenstrijdige ideeën over hun vader te veranderen. Dat betekent dat ze ofwel niet meer van hem houden/accepteren dat hij niet perfect is, of ontkennen dat hij u echt iets heeft aangedaan (in ieder geval niet met opzet). Dat kan betekenen dat ze uw hele verhaal bagatelliseren of in twijfel trekken en dat kan voor u moeilijk zijn om te verteren.

Weer is het waarschijnlijk beter om in verwarring gebrachte tieners zelf hun gevoelens op een rijtje te laten zetten. Misschien zitten ze in de ontkenningsfase, maar dan is ontkenning de enige manier waarop ze de heftige tegenstrijdige emoties het hoofd kunnen bieden. Probeer niet door deze muur van ontkenning heen te gaan; laat het in hun eigen tempo gebeuren, als zij eraan toe zijn. Blijf uw liefde en goedkeuring geven en laat uw kind de eigen gevoelens onderzoeken op een moment dat het daarvoor volwassen genoeg is.

'Het kan heel kwetsend zijn als van de afwezige vader zielsveel gehouden wordt, wat hij de tiener of de moeder ook heeft aangedaan. Mijn dochter verzon allerlei excuses voor zijn gedrag, waardoor ik het gevoel kreeg dat ik de grote boeman was. Op de een of andere manier was ik in staat mijn gevoelens voor me te houden. Nu is ze zo volwassen dat ze hem kan zien zoals hij werkelijk is en heeft ze een heel goede relatie met hem.' MOEDER VAN EEN TIENERMEISJE

2. Betrokken 'afwezige' ouder

Andere problemen kunnen ontstaan als de 'afwezige' ouder nauw betrokken is bij het leven van uw kind. Het kan zijn dat kinderen twee huizen hebben of dat ze er regelmatig verblijven. Het betekent in ieder geval dat uw tiener ten minste een nacht per week bij de andere ouder verblijft, of in de weekends en vermoedelijk de helft van de schoolvakanties. De andere ouder krijgt waarschijnlijk informatie van school, gaat naar ouderavonden en activiteiten en is ook op andere manieren betrokken bij het leven van uw tiener.

Problemen die kunnen ontstaan zijn:
● Het verschil in levensstijl van de andere ouder en die van u. De andere ouder heeft het misschien financieel beter en kan 'grotere' verjaardagscadeaus geven, een groter huis hebben en activiteiten doen of feestjes geven die meer kosten.

● De opvoedingsstijl kan verschillen: een van u beiden is misschien soepeler met regels of heeft andere regels of verwachtingen omtrent gedrag, huiswerk, kleding en andere zaken.

'Mijn 15-jarige is van maandag tot en met woensdag bij haar vader. Hij is veel minder streng dan ik als het gaat om huiswerk en manieren. Ik sta erop dat ze haar huiswerk maakt voordat ze tv gaat kijken bijvoorbeeld. En we eten altijd samen aan tafel – daar eet ze voor de tv met het bord op schoot, waar ik een verschrikkelijke hekel aan heb. Maar mijn ex is naar mijn idee weer veel te strikt wat haar kleding betreft. Ik laat haar typische meidenkleren dragen, omdat ze dat allemaal dragen. Het lijkt erop dat hij wil dat ze er als een tutje uitziet. Dat is moeilijk voor mijn dochter en voor mij. Het is altijd: "Maar van papa mag ik..." of "Van papa mag ik dit niet dragen, het is niet eerlijk!" Maar ze lijkt te begrijpen dat er in beide huizen verschillende regels gelden en over het algemeen accepteert ze dat.'
OUDER VAN EEN TIENERMEISJE

● Stiefouders en halfzusjes en -broertjes kunnen de situatie gecompliceerd maken. Misschien koestert uw tiener wrok voor de nieuwe partner of voelt u zich bedreigd door de affectie van uw kind voor de nieuwe partner. Tieners kunnen het goed of niet goed vinden met de halfbroers en -zussen (die weer hun eigen problemen hebben), met wie ze dan weer wel en dan weer niet samenleven. Grootouders en familieaangelegenheden van beide zijden kunnen het leven nog gecompliceerder maken.

● Ten slotte kan er met name een groot conflict ontstaan als de ouders niet goed met elkaar omgaan. Als ouders niet met elkaar praten en/of strijden om de affectie van hun kind, wordt het allemaal heel erg lastig.

Er moeten misschien twee aparte oudergesprekken worden gehouden, informatie van school bereikt de andere ouder niet, feestjes worden gemist doordat er geen communicatie is... en zo gaat de lijst door.

De oplossing voor al deze moeilijkheden is communicatie. Het is heel belangrijk om de communicatielijnen tussen u en uw tiener (zie hoofdstuk 3) en tussen u en uw ex (ook als u de pest hebt aan elkaar) open te houden. Tieners kunnen zich redelijk goed aanpassen aan de bezoekregeling, die ons als volwassenen heel verwarrend toeschijnt. Maar hoe meer ze hun gevoelens met u (of iemand anders) kunnen delen, hoe beter. Houd de school volledig op de hoogte van een eventuele moeilijke situatie en probeer zo veel mogelijk te voorkomen dat u uw ex-partner tegen u in het harnas jaagt. Probeer geen partij te kiezen of de kinderen het gevoel te geven ontrouw te zijn als ze graag bij de andere ouder zijn en probeer te voorkomen dat u de andere ouder doodzwijgt. Laat hen vertellen wat ze met hun vader hebben gedaan en wat hun vaders vriendin zei.

Extra hulp

Op www.tweehuizen.be is er een deel voor ouders en een deel voor jongeren, over de veranderingen die een scheiding met zich meebrengt. Op de lijn van de kinder- en jongerentelefoon (www.kjt.org) kunnen jongeren terecht met hun vragen over alle onderwerpen.
De website van het Centrum voor ouders en kinderen in echtscheidingssituaties is www.alianza.be.
Op www.echtscheidingswijzer.nl staan tips en informatie over de emoties en de omgang met kinderen tijdens het moeilijke scheidingsproces.

Vakantie met uw tiener

Tja, hoe goed uw relatie met uw kind ook is, veel tieners (en hun ouders) ondergaan nog liever een wortelkanaalbehandeling door een slechte tandarts dan dat ze samen op vakantie gaan. Maar soms kan het niet anders, dus lees verder. Dan komt u te weten hoe u het voor iedereen zo leuk mogelijk kunt maken.

Om te beginnen kunt u hen betrekken bij de plannen. Veel dingen die u leuk lijken, vinden zij oersaai (hoewel ze het misschien heimelijk wel zien zitten: het is niet cool om enthousiast te zijn voor andere dingen dan hun vriend(inn)en, sms'en en computerspelletjes). U zult moeten accepteren dat zij een ander idee van plezier hebben dan u. Dus geef een stapel brochures en een budget en vraag hun met ideeën te komen. U hoeft niet alles te accepteren (met jongerenreizen kunt u bijvoorbeeld niet mee) maar u zou wel zo veel mogelijk ideeën kunnen overwegen. Dat geeft hun het gevoel van verantwoordelijkheid – in plaats van dat hun gezegd wordt wat ze moeten doen, voelen ze zich betrokken bij de besluitvorming.

Tijdens de vakantie zelf is het goed om bepaalde regels af te spreken over zaken als sms'en naar vrienden thuis, in hun eentje op stap gaan, samen met het gezin eten, samen activiteiten ondernemen, drankgebruik – en een verveeld gezicht trekken (alleen 's ochtends toegestaan bijvoorbeeld). Een geweldige manier om tieners erbij te betrekken, is door naar een land te gaan waar zij de taal van spreken en u niet. Waarschijnlijk vinden ze het erg leuk om voor u te vertalen en dat hun vader en moeder op hen vertrouwen!

Hun eerste vakantie zonder u

De trubbels die u hebt als ze samen met u op vakantie gaan, vallen in het niet bij de angst en zorgen die u hebt als ze zonder u gaan. Hoe oud moeten ze zijn om hun eigen ding te doen? Nou, dat hangt ervan af wat dat 'ding' is; georganiseerde vakanties zoals jeugdkampen zijn al geschikt voor de heel jonge tiener. Op die leeftijd kunnen ze ook mee op vakantie met het gezin van een vriend(in) (hoewel u dan waarschijnlijk op uw beurt die vriend(in) moet uitnodigen). Maar hun eerste vakantie zonder volwassene is waarschijnlijk rond de leeftijd van 17/18 jaar. Bijvoorbeeld met een georganiseerde jongerenreis, samen met hun vriend/vriendin, of samen met een paar vriend(inn)en in een appartement in Spanje.

Zich zorgen maken over hun veiligheid, gezondheid en wat ze allemaal uitspoken nu ze bevrijd zijn van de ketens van het toeziend oog is onvermijdelijk. Alcoholgebruik, drugs en seks zijn waarschijnlijk de voornaamste zorgen van ouders. Probeer uw kind te betrekken bij uw zorgen in plaats van het de les te lezen; probeer u te richten op de praktische veiligheidsmaatregelen die uw tiener kan nemen (blijf altijd samen met een vriend(in), wees alert op dronken voeren, neem samen een taxi in plaats van te gaan lopen, gebruik condooms, en zorg voor telefoonnummers voor noodgevallen en een creditcard voor onvoorziene problemen). Dat is beter dan dat u zegt 'Niet dit of dat doen'. Bespreek situaties die zich kunnen voordoen ('Wat doe je als je vriend(in) er met iemand vandoor gaat en jou alleen in de club achterlaat?' of 'Wat doe je als je portemonnee wordt gestolen?' enzovoorts. Onthoud dat dit een soort overgangsrite is (voor u beiden) en hoort bij het vormen van onafhankelijke, zelfverzekerde en verantwoordelijke volwassenen.

Auto leren rijden

Uw 18-jarige kan niet wachten om achter het stuur te kruipen en blijft zeuren om lessen. U, daarentegen, twijfelt of uw kind hiervoor wel volwassen genoeg is (en maakt zich zorgen over de kosten). Toch is auto leren rijden een belangrijke stap in de ontwikkeling van een bijna-volwassene. Het is een levensvaardigheid en als u eraan twijfelt of uw kind het wel kan, riskeert u een deuk in het zelfrespect. Het is veel beter door de zure appel heen te bijten, uw tanden op elkaar te zetten en uw kind zijn zin te geven.

Veel ouders vinden het moeilijk om hun eigen kind auto te leren rijden (soms is het wettelijk ook niet toegelaten), maar misschien is er iemand in de familie die graag wil helpen. Ideaal zijn wekelijkse rijlessen van een goede rij-instructeur en daarnaast regelmatig oefenen met iemand anders.

Als u er toch voor kiest om uw tiener rijlessen te geven, probeer dan kalm te blijven als u in de auto zit. Paniekreacties of schreeuwen maken uw kind alleen maar zenuwachtig en het gaat zich afvragen of u er wel geschikt voor bent. Het is uw taak om zelfvertrouwen te geven, niet om constant uw hoofd te schudden en u te verbazen dat uw tiener nog geen ongeluk heeft veroorzaakt. Geef complimenten in plaats van kritiek ('Die hoek heb je goed genomen' in plaats van 'Je raakte die lantaarnpaal bijna!'). Spreek niet tegen – of bagatelliseer niet – wat de rij-instructeur heeft geleerd, want dat werkt alleen maar verwarrend.

Als ze eindelijk het nest verlaten (als tieners dat nog doen)

Terwijl veel ouders het heerlijk vinden dat hun tieners het huis verlaten om te gaan studeren, een tussenjaar te nemen of de wereld van het werk binnen te stappen, betreuren veel anderen deze nieuwe fase en hebben het moeilijk met het legenestsyndroom. Plotseling is het stil in huis, het eten in de koelkast blijft liggen, de wasmachine draait minder vaak en wat het allerbelangrijkste is, het drukt u met de neus op uw eigen verouderingsproces omdat u een nieuwe levensfase binnenwandelt.

Veel moeders (en vaders) voelen zich overbodig, minder van waarde, minder nodig en minder bezig omdat ze er moeite mee hebben om het emotionele gat in hun leven te vullen. Veel anderen zijn juist heel erg blij dat ze van hun tieners af zijn en gaan weer van hun vrijheid genieten. Als uw tiener het nest verlaat, is het goed om dat vertrek samen te laten vallen met een (of meer) van de volgende ideeën:

● Plan een uitje – een vakantie, een weekendje weg, een reis om de wereld, als uw financiën dat toestaan. Geniet van uw vrijheid!
● Begin een nieuwe hobby of interesse waar u, toen uw kinderen nog thuis waren, geen tijd voor had.
● Ga vrijwilligerswerk doen in de vrije tijd die u nu probeert te vullen.
● Zoek naar nieuwe mogelijkheden om geld te verdienen, ga meer werken of verkoop spullen op eBay (alle spullen die uw tiener thuis heeft laten liggen misschien?).
● Knap het huis op – misschien ook hun oude kamer (maar houd in gedachten dat tieners, net als een boemerang, tijdens vakanties vaak naar huis komen of als ze het moeilijk hebben).

'Kom niet aan hun kamer! Mijn kinderen haten het als we iets in huis veranderen als zij weg zijn. Ze lijken de stabiliteit van thuis nodig te hebben, want ze wonen bijna allemaal in chaotische studentenhuizen. We doen natuurlijk precies wat we zelf willen maar we vertellen wel wat we gaan doen. Hun kamer is verboden terrein, alleen een grondige schoonmaak mag.' Ouder van een tiener

Het is belangrijk, hoe u zich ook voelt, om uw onafhankelijke kind los te laten. Dat betekent dat u weerstand moet bieden aan de verleiding om (te veel) te bellen, hoewel af en toe een sms'je mag, en kom nooit zomaar onuitgenodigd langs (en ga zeker niet met de reservesleutel naar binnen om de boel aan kant te maken).

Ouder op afstand – hoe blijf je hun ouder als ze uit huis zijn

U kunt en moet nog steeds 'papa en mama' blijven, ook als uw kroost niet meer thuis woont. Ouder-zijn op afstand heeft andere regels zoals:

● Steun geven – maar op afstand. Zie elkaar zo vaak als zij willen. Dat ritme kan zich geleidelijk aan ontwikkelen of u kunt er als u wilt van tevoren over praten. Sommige tieners willen hun vader of moeder iedere avond spreken, anderen zouden deze inbreuk op hun onafhankelijkheid verschrikkelijk vinden. Sms'jes en e-mails zijn een, minder opdringerige manier om de communicatie open te houden.
● Interesse tonen – maar niet te veel. Het is prima om te vragen hoe hun sollicitatiegesprek of nieuwe afspraakje ging, maar forceer niets als ze er niet over willen praten. Het gaat erom dat u er bent als zij willen praten.

• De scherven oprapen als dingen fout gaan. Sommige ouders zijn heimelijk blij als hun tiener hun schouder nodig heeft om op te huilen. Maar kom niet in de verleiding om hen weer afhankelijk te maken. Het is te gemakkelijk om te zeggen: 'Ocharm. Kom maar weer thuis, dan zorg ik ervoor dat alles weer goed komt.' Het is een goede levensles om ook als het moeilijk gaat de onafhankelijkheid aan te moedigen.

• Leren dat u minder de controle hebt. Als onze kinderen klein zijn, weten we altijd precies waar ze zijn en met wie. Als we geen goed gevoel hebben over iets dat ze willen doen of waar ze naartoe gaan, kunnen we gewoon nee zeggen. Deze controle over hun leven wordt steeds minder naarmate ze ouder worden, maar als ze eenmaal het huis uit zijn, moet u accepteren dat u helemaal geen controle meer hebt – wat tenslotte waarschijnlijk de reden is dat ze het huis uit gingen. Als ze de hele nacht op willen blijven, in het donker door het park naar huis lopen, drugs gebruiken of niet naar lessen gaan, kunt u daar niets tegen doen. U zult moeten accepteren dat ze nu volwassen zijn en hun eigen keuzes in het leven moeten maken; heb vertrouwen in hen en in de waarden die u aan uw kinderen hebt bijgebracht en *laat los!*

• Financiële steun geven. Of en hoeveel u bereid bent financieel bij te dragen, hangt af van hun en uw eigen omstandigheden. Als ze student zijn, is er de mogelijkheid tot een studiefinanciering of studiebeurs, waar u misschien aan moet bijdragen. Als ze werken, gaat u hen dan uit de penarie helpen als ze achterlopen met hun huur? Gaat u een auto voor hen kopen? Gaat u speciale kleren voor hen kopen zoals voor een trouwerij? Wat u ook besluit, probeer uw redenen af te wegen tegen de noodzaak hen op eigen benen te leren staan en wees consequent bij al uw kinderen.

Wanneer ze het nest niet verlaten

In de goeie ouwe tijd verlieten kinderen inderdaad voor hun twintigste het huis, maar tegenwoordig is het niet ongewoon dat ze tot ver in de twintig thuis blijven wonen – en ook nog daarna. Misschien leest u dit wel en hunkert u ernaar dat uw volwassen kinderen eindelijk het nest verlaten. Het aantal volwassenen van 20-25 jaar dat nog thuis woont, is tussen 1991-2003 met bijna één derde vermeerderd. Het kan ook zijn dat tieners het huis uit gaan maar als een rondtrekkende postduif terugkeren, misschien na een tussenjaar, of omdat ze het financieel niet kunnen trekken, of ze vinden de magnetronmaaltijden niet zo lekker als mama's kookkunst.

De grote vraag is of kinderen 'huur' moeten betalen als ze werken. Misschien. Wellicht. Het hangt af van hun en uw eigen situatie. Als zij een slecht betaalde baan hebben en proberen te sparen en u hebt het financieel goed, lijkt het gierig om hun zuurverdiende centjes af te nemen voor dingen die ze tot nu toe gratis kregen.

Wel moeten tieners op de een of andere manier een bijdrage leveren aan het huishouden, ofwel door bepaalde karweitjes te doen of door een of twee keer per week te koken. Hun eigen uitgaven moeten ze zelf betalen, zoals de kosten van de mobiele telefoon. En misschien ook voor de extraatjes, zoals afhaalpizza's of chocoladerepen voor onderweg van werk naar huis. En wat ze beslist niet meer mogen doen, is met deuren slaan.

Pas op voor het tussenjaar

Het jaar tussen de middelbare school en de universiteit of hogeschool behoort tegenwoordig net zo tot de verwachtingen en rechten van tieners als het hebben van een mobiele telefoon of iPod. Niet alleen verwachten ze een exotische reis naar de vier uithoeken van de wereld te maken of Engelse les te geven in Peru, ze denken ook dat het hun rechtmatige beloning is voor het harde werken op school (waar blijft ons tussenjaar voor ons harde werken?). Ouders hebben met allerlei dingen rondom het tussenjaar rekening te houden:

De kosten. Ideaal is het als ze hun verlengde vakantie zelf bekostigen. Maar wie draait er op voor de kosten als u wilt dat ze veilig op vakantie gaan (en wie wil dat niet?)? Dus betaalt u voor de vliegreizen (om te voorkomen dat ze gaan liften), de verblijfskosten (zodat ze niet in louche hotelletjes slapen), internettoegang (zodat ze u kunnen vertellen dat alles oké is) en alle uitrusting die nodig is om hen gezond te houden (waterzuiveringstabletten, inentingen enzovoorts).

De zorgen. O, die zorgen. Zijn ze veilig? Eten ze goed? Kijken ze goed uit? Kunnen ze zich wassen? Hebben ze contact met een gore, ongewassen mederugzaktoerist? Laten ze hun opleiding voor wat ze is en komen ze nooit meer terug?

Het is waarschijnlijk niet mogelijk om uw zorgen weg te nemen, maar dat weerhoudt ons er niet van om het te proberen. U kunt erop vertrouwen, lieve vader en moeder, dat verreweg het overgrote deel van de rugzakkers niets overkomt en na hun jaar terugkomt als een beter, volwassener individu. De zeldzame afschuwelijke verhalen die de kranten halen, halen juist het nieuws omdat ze zo zelden voorkomen.

Beeld u niet allerlei dingen in, wat vaak gebeurt als we door onze angst denken dat sensationele krantenverhalen over zeldzame gebeurtenissen onze tiener ook zullen overkomen.

Niettemin is het verstandig om een paar maatregelen te nemen:

Praat voor de reis met uw tiener over veiligheid. Spreek veiligheidsregels af, bijvoorbeeld dat ze aan een vertrouwd persoon (zoals u) moeten e-mailen of sms'en waar ze naartoe gaan en wanneer ze denken weer terug te zijn. Praat over het gevaar van vreemden, drugs, over veilige seks (jazeker) en hygiënisch voedsel en zorg ervoor dat ze zo goed mogelijk voorzien zijn van de middelen om aan allerlei situaties het hoofd te kunnen bieden. Bedenk wat er fout kan gaan zodat er alternatieve plannen gemaakt kunnen worden. Zorg dat ze voor hun reis de noodzakelijke inentingen krijgen. En het allerbelangrijkste, mocht dat nog niet zo zijn: zorg ervoor dat u online gaat.

Bedenk dat wat zij erdoor winnen zwaarder zou moeten wegen dan uw angsten. En als u terloops tegen uw collega's op het werk vertelt dat uw tiener door Australië rondtrekt, voelt u zich alleen maar trots.

Natuurlijk is reizen niet de enige optie voor een tussenjaar. Het is ook een gelegenheid om te gaan werken en geld te verdienen voor als ze gaan studeren of om hun droomreis te bekostigen later in het jaar. Ieder baantje is hiervoor geschikt, maar het tussenjaar biedt ook andere unieke kansen die uw tiener zou kunnen proberen. Jongeren kunnen een deeltijdstudie gaan volgen en daarnaast een paar dagen in de week werken of in een bedrijf gaan werken om van daaruit door te leren.

Een andere mogelijkheid is een oriëntatiejaar. Tijdens dit jaar maken ze kennis met verschillende studies maar zitten nog niet aan een bepaalde studie vast. Ook kunnen ze een jaar op de kunstacademie werken aan hun portfolio om daarna meer kans te maken om aangenomen te worden. Op internet vindt u de mogelijkheden, bijvoorbeeld: http://web.kennisnet2.nl/thema/tussenjaar.

Het is heel goed mogelijk dat uw zorgen over het tussenjaar in het niet vallen bij de zorgen waar de overactieve geest van tieners zich mee bezighoudt. Het volgende hoofdstuk gaat over al die angsten en zorgen waar zij vaak door achtervolgd worden.

HOOFDSTUK 9

ZORGEN EN ANGSTEN

Volgens recent onderzoek van de auteurs[28] piekeren tieners het meest over hun toekomst. Ze maken zich zorgen over wat er gaat gebeuren als ze zakken voor hun examen of als iemand van wie ze houden dood-gaat, of ze ooit een partner zullen krijgen, of ze na school een goede baan zullen krijgen, enzovoorts. Sommigen maken zich zorgen om hun toekomstige seksuele relatie, aids en zwangerschap (zie hoofdstuk 7), terwijl anderen bang zijn niet aan de verwachtingen van hun ouders te zullen voldoen (zie hieronder).

Over het algemeen is het een goed beginpunt om uw kinderen aan te moedigen hun zorgen met u te delen. Want als u op de hoogte bent van de onderwerpen waar de meeste tieners over piekeren, krijgt u alvast een inzicht in wat er zich in hun hoofd afspeelt. Als u een typi-sche tiener hebt, kunt u er redelijk van uitgaan dat die zich bezighoudt met dezelfde dingen. Sommige van deze zorgen worden behandeld in andere hoofdstukken van dit boek.

Er wordt heel veel gepiekerd over de toekomstige carrière en dat is tevens een zorg waar u tot op zekere hoogte iets aan kunt doen. U kunt regelmatig samen praten over de carrière, echter zonder dat uw tiener het idee krijgt aspiraties of specifieke carrièredoelen te moeten

Waarover piekeren tieners?

Volgens een onderzoek van de auteurs[28] maken tieners zich om de volgende onderwerpen 'veel' zorgen:

1 Hun toekomst, zoals school, examens, carrière en gezondheid – 50%
2 Seks – 44%
3 Pesten – 20%
4 Drugs – 15%
5 De dood, ook de angst dat er familieleden doodgaan – 10%
6 Gokken – 7%

Uit het onderzoek bleek dat meisjes zich meer zorgen maken over seks dan jongens, maar voor het overige waren er geen verschillen tussen jongens en meisjes. De piekleeftijd waarop 'gepiekerd' wordt is 13-15 jaar, behalve over de toekomst, wat pas na het vijftiende jaar aan de orde komt.

Waarover denken ouders dat hun tieners piekeren? Volgens het onderzoek voor dit boek zijn de voornaamste onderwerpen waarover tieners zich volgens de ouders zorgen maken:

1 Schoolwerk/examens etc. – 40%
2 Hun uiterlijk – 38%
3 Vriend(inn)en/erbij horen etc. – 32%
4 Geld – 24%
5 Liefdesrelaties – 22%
6 Hun toekomst in het algemeen – 18%

hebben. Kinderen kunnen de druk voelen om net als hun ouders professionele carrières na te moeten streven en zijn bang dat ze niet aan de verwachtingen (kunnen) voldoen. Zelfs kinderen van ouders zonder een topbaan kunnen de druk voelen dat zij bijvoorbeeld de eersten in de familie zullen zijn die naar de universiteit gaan.

De angst om niet aan de verwachtingen van de ouders te voldoen, kan 'zelfbelemmering' veroorzaken, wat betekent dat tieners onbewust hun kansen saboteren om ervoor te zorgen dat hun zo gevreesde falen niet toe te schrijven is aan hun eigen onvermogen: door bijvoorbeeld hun huiswerk niet af te maken of niet voor hun examens te studeren kunnen ze hun falen daaraan toeschrijven in plaats van aan hun eigen tekortkoming. Dit is een manier om hun fragiele ego te beschermen – het is beter dat iedereen denkt dat ze niet hard genoeg studeerden dan dat ze de capaciteit niet hadden.

Omgaan met de vraag 'Kan het mij ook overkomen?'

De aanslag op de Twin Towers in New York. De bommen in de Londense metro en de trein in Madrid. De tsunami op tweede kerstdag. De overstroming in New Orleans. Orkanen, tornado's, aardbevingen... allemaal rampen die tot het bewustzijn van de hele wereldbevolking zijn doorgedrongen. Steeds werden de media overheerst door beelden van verwoesting, dood en menselijk lijden. Het is voor een tiener bijna onmogelijk om voor de effecten immuun te blijven.

Veel van hun reacties op deze rampen zijn niet anders dan die van ons: kan het ons ook overkomen? Hoe overleven we dan? Is de wereld veilig? Wordt ons leven ooit nog hetzelfde? Hoe kunnen mensen andere mensen zulke vreselijke dingen aandoen? Waarom is de wereld zo onrechtvaardig?

Deze lastige vragen (waar filosofen al eeuwenlang mee worstelen) kunnen op het eerste gezicht heel bedreigend lijken en liever doen we aan 'struisvogelpolitiek'. De vragen lossen zich echter niet vanzelf op. Helaas hebben we, hoe goed we ook ons best doen, er geen antwoord op. Wel zijn er manieren waarop u uw tiener kunt helpen met zulke rampen in de wereld te leren leven:

● **Blootstelling aan de media.** Voor veel ouders is het eerste dilemma hoeveel ze hun tieners laten zien. Het nieuws op tv kan heel confronterend zijn, waardoor u in de verleiding kunt komen uw kind ertegen in bescherming te nemen. Natuurlijk hangt het af van de leeftijd van uw kind (het is onmogelijk om oudere tieners af te schermen) en hoe gevoelig uw kind is, maar u moet wel in gedachten houden dat er op het schoolplein ook over geprat wordt. Volledige afscherming is vermoedelijk niet realistisch. Beter is het om te accepteren dat het moeilijk is om zulke beelden te vermijden, dus kan het een wijzer besluit zijn om er (als het even kan) samen met uw kinderen naar te kijken. Dan hebben zij de gelegenheid om vragen te stellen en hun zorgen te uiten – maar of u er een antwoord op kunt geven, is een andere zaak.

● **Een open sfeer creëren.** Het gaat er hierbij om een omgeving te scheppen waarin uw tiener gemakkelijk zijn of haar zorgen en angsten kan uiten zonder zich onder druk gezet te voelen. Soms moet u wachten totdat tieners eraan toe zijn om te praten. Dat kan een moment zijn waarop u het niet verwacht, bijvoorbeeld als u de vaatwasser inlaadt of de auto wast. Het kan een goed idee zijn om, als het nieuws door zulke gebeurtenissen gedomineerd wordt, te proberen wat meer dan gewoonlijk in de buurt te zijn, zodat u er bent als ze de behoefte krijgen om te praten. Maar oefen geen druk uit door te verlangen dat ze aan u vertellen hoe ze zich voelen.

● **Denk niet dat u alle antwoorden moet weten.** Tot nu toe zag uw tiener u misschien als de ouder die 'alles ziet en alles weet' en die voor elk probleem een oplossing verzint. Soms echter zijn er geen antwoorden en aan leugens of luchtige antwoorden heeft niemand iets. Uw integriteit blijft veel beter behouden als u toegeeft dat u er zelf ook mee worstelt. Dat kan voor uw kind als een schok komen en voor u ongemakkelijk voelen, maar in feite betekent het voor u beiden een belangrijke ontwikkelingsfase. U blijft een goede ouder, ook al hebt u niet alle antwoorden en uw kinderen zullen u waarschijnlijk op den duur meer respecteren om uw eerlijkheid.

● **Zet de dingen in perspectief.** Het is heel moeilijk op zo'n gevoelig moment om objectief naar de risico's te kijken, maar misschien is het uw rol als ouder om dat toch te proberen. Herinner uw kinderen eraan hoeveel vliegtuigen er iedere dag/maand/jaar vliegen zonder neer te storten; of hoe vaak er met de metro of trein gereisd wordt zonder dat er iets gebeurt. Mensen zijn irrationeel en kunnen verkeerd redeneren. Hoe gemakkelijker we een gebeurtenis in onze gedachten kunnen oproepen, hoe meer we denken dat het inderdaad gaat gebeuren. Daarom hebben ouders de neiging om de risico's van kinderontvoering te overschatten, terwijl dat in feite heel zelden voorkomt. Maar door de krantenkoppen over ontvoerde en vermoorde kinderen komen zulke angsten heel snel naar boven.

Angst voor een aanval

Uit ons onderzoek bleek...

Ouders uit ons onderzoek zijn vooral bezorgd dat hun tiener aangevallen wordt, met 29% die aangaf dat dit hun grootste angst is.

Helaas is dit geen onrealistische angst. Uit een Amerikaans onderzoek in 2002 bleek dat een kwart van de jonge mensen het slachtoffer was geweest van een misdaad in de vorm van diefstal, aanranding, geweld of zelfs, minder vaak, verkrachting. De beste manier om zulke angsten aan te pakken, is door uw tiener zich veilig te helpen voelen. Het is verstandig om de volgende tips met uw tiener te bespreken:

● Probeer altijd samen met een vriend(in) ergens naartoe te gaan, bijvoorbeeld naar het winkelcentrum of naar school.
● Vertel mensen waar je bent en wanneer je weer thuis bent. Ga nooit ergens heen zonder het te vertellen, zodat bekend is wanneer je terug verwacht wordt. Even snel een sms'je naar papa of mama is prima.
● Houd waardevolle spullen zoals een iPod en mobiele telefoon uit het zicht en loop niet bellend of luisterend naar je iPod over straat. Behalve dat je deze spullen dan laat zien, maak je jezelf extra kwetsbaar doordat je niemand kunt horen aankomen.
● Loop over de stoep aan de zijde van het tegemoetkomende verkeer, zodat je niet verrast wordt door iemand die achter je stopt.
● Als je buiten bent en iemand niet vertrouwt, ga dan snel een winkel binnen, steek de straat over of zoek hulp in de buurt. De beste

mensen om hulp op straat aan te vragen is een gezin of iemand met kinderen bij zich.

● Rijd nooit met iemand mee die je niet goed kent. Als je twijfelt, bel dan je ouders om het te vragen.

● Neem altijd kleingeld mee, het liefst niet zichtbaar (en niet in je portemonnee).

● Als je met het openbaar vervoer reist, ga dan dicht bij de bestuurder zitten als het erg rustig is.

● Vecht niet terug als iemand probeert je spullen te jatten.

● Als je alleen thuis bent en de telefoon gaat, vertel dan niet dat er niemand thuis is. Het is beter om te zeggen dat je moeder in bad zit dan dat ze weg is.

● Kijk altijd wie er aan de deur is voordat je openmaakt; vraag het of kijk door het raam van de bovenverdieping. Als je twijfelt, vraag dan of ze later terug willen komen.

Omgaan met een sterfgeval in de familie

De meerderheid van de jonge mensen van 16 jaar heeft reeds te maken gehad met het verlies van een naaste. Er is waarschijnlijk weinig dat u kunt doen om het weer goed te maken als iemand doodgaat van wie uw tiener houdt. Wel kunt u uw kinderen helpen met hun rouwproces om hun gevoelens te verwerken. Ouders willen vaak hun kinderen beschermen en vertellen daarom hun kinderen soms niet de waarheid over ziekte en overlevingskansen.

Afhankelijk van hun leeftijd en ontwikkeling is eerlijkheid het beste, vooral als ze zien dat andere gezinsleden er meer van lijken te weten dan zij (wat kan leiden tot wantrouwen en wrok).

Tieners voelen hetzelfde of hebben dezelfde emoties als volwassenen als iemand in de familie doodgaat. Deze gevoelens kunnen variëren van verdoving (niets voelen, niet in staat zijn te huilen of het verdriet 'passend' te uiten), ontkenning (door lijken te gaan met het leven alsof er niets is gebeurd), woede (waarom is dit gebeurd?), depressie (ik kan niet zonder deze persoon), verwarring (hoe moet het nu verder?) en schuld (ik had meer tijd met deze persoon moeten doorbrengen – of zelfs een schuldgevoel als ze lachen of lol maken in de weken erna).

Al deze gevoelens zijn normaal en natuurlijk. Het helpt als u uw tiener aanmoedigt met u of iemand anders te praten over zijn of haar gevoelens. Vertel dat er geen 'goede' manier van rouwen is en dat het oké is als ze boos zijn, niet huilen, alleen willen zijn, bij hun vriend(inn)en willen zijn – eigenlijk is alles waardoor ze zich beter voelen goed.

Een sterfgeval kan het vertrouwen van volwassenen aan het wankelen brengen, maar voor kinderen kan het hun eerste kennismaking zijn met het besef dat de wereld niet altijd goed en rechtvaardig is. 'Het is niet eerlijk' is een veel gehoorde uitspraak en natuurlijk hebben ze gelijk. Maar terwijl volwassenen weten dat het leven niet altijd eerlijk is, kan dit besef voor tieners als een schok komen. Het kan hun hele wereld op zijn kop zetten, hun geloof in goed en kwaad, gerechtigheid en straf. Als u religieus bent, kan uw kind tegen God in opstand komen of zijn geloof lijken te verliezen. Accepteer dit als onderdeel van het rouwproces en probeer lichtvaardige opmerkingen te vermijden (zoals 'het komt allemaal goed' of 'Gods wegen zijn ondoorgrondelijk'). Beter is het om toe te geven dat de wereld soms ondoorgrondelijk is en dat iedereen zijn eigen betekenis aan het leven moet proberen te geven (en wat er eventueel daarna is).

Het beantwoorden van vragen over de dood, het leven na de dood en de ziel is afhankelijk van wat u zelf gelooft. Het is waarschijnlijk het beste om verschillende visies te geven zodat ze zelf kunnen kiezen wat hun juist lijkt. In plaats van radicaal te stellen dat er niets is na de dood (wat heel moeilijk kan zijn om mee te leven), is het beter om te zeggen dat sommige mensen geloven dat de ziel doorleeft (hoewel u eraan toe kunt voegen dat u niet zeker weet of dat zo is). Ze hebben hun hele leven nog om te zoeken naar antwoorden op deze moeilijke vragen, net zoals wij dat hebben gedaan (en waarschijnlijk nog steeds doen).

Wat betreft de praktische kant is het waarschijnlijk een goed idee om kinderen voor te bereiden op de begrafenis. Als er een ceremonie in het crematorium of een dienst in de kerk, moskee of synagoge is, leg dan uit wat daar gaat gebeuren. Als u een geloof aanhangt, is het belangrijk om van tevoren de rituelen uit te leggen. Als uw tiener niet wil deelnemen aan de rituelen (of zelfs maar naar de begrafenis wil gaan), is het waarschijnlijk verstandig om niet te dwingen. Net zo is er vermoedelijk geen goede reden om, als ze er wel naartoe willen, te proberen dit te verhinderen; op lange termijn helpt u hen waarschijnlijk niet als u hen probeert te beschermen tegen te veel verdriet.

Dan komt misschien de vraag wanneer ze weer naar school toe moeten. Daar is geen eensluidend advies voor omdat het afhankelijk is van het kind, hun relatie met de overledene en, het allerbelangrijkste, hoe ze zich voelen. Ze naar school sturen als hun hart en hoofd ergens anders is, lijkt goed om te doen (om hen af te leiden), maar kan voor hen wreed zijn en spanning geven. Richt u naar uw kind: sommigen willen zo snel mogelijk terug naar de troost van de alledaagse routine en vriend(inn)en, terwijl anderen meer tijd nodig hebben. Ze kunnen te maken krijgen met ongevoelige opmerkingen op school (niet alleen van leeftijdgenoten maar ook van leraren) of kunnen door schijnbaar onschuldige gebeurtenissen in de klas heel erg verdrietig worden (zoals door het lezen van iets). Dat is heel normaal, maar als het uit de hand dreigt te lopen, kunt u overwegen met de mentor of klassencoördinator te gaan praten.

Bij een sterfgeval binnen het gezin blijft het voor iedereen moeilijk om zich aan te passen. Kerstmis, verjaardagen en alle overige gebruikelijke mijlpalen moeten zonder die persoon worden doorgebracht. Het eerste jaar is altijd het moeilijkst omdat deze gebeurtenissen voor de eerste keer zonder papa, mama, broer of zus worden meegemaakt, dus besteed extra zorg aan deze gelegenheden. U kunt overwegen om met Kerstmis weg te gaan of andere mensen uit te nodigen (die gewoonlijk niet met de kerst komen) om de lege stoel minder te doen opvallen. Praat over de geliefde persoon, denk niet dat u dat moet vermijden uit angst om alle gevoelens naar boven te halen. Het is beter om gevoelens te uiten dan om ze weg te stoppen. Een gezond rouwproces betekent dat er op den duur op een fijne manier kan worden gepraat over degene die gestorven is.

Maar wanneer verandert normaal, gezond rouwen in iets waar u zich zorgen om moet maken? De signalen waar u op kunt letten, zijn:

● Toevlucht nemen tot ongezonde manieren om het verdriet te verwerken zoals drugs (zie hoofdstuk 10 voor de signalen), troostvoedsel en alcohol.
● Spijbelen of slechtere schoolprestaties.
● Agressieve uitbarstingen.

- Lange huilbuien, niet uit bed willen komen, verlies van interesse in hobby's en vriend(inn)en.
- Weigering om de naam te noemen van degene die gestorven is.

Maakt u zich zorgen over het rouwproces van uw tiener en wilt u graag advies, dan kunt u zich wenden tot uw huisarts of de GGZ. Ook op internet is hier informatie over te vinden. Op de websites **www.hulporganisaties.be, www.houvast.be** en **www.kindenrouw.nl** vindt u verwijzingen naar andere websites en rouwverwerkingscentra.

Zorgen over humanitaire zaken

Als jonge mensen de verandering van kind tot volwassene doormaken, worden ze zich bewuster van de omgeving buiten hun eigen kleine wereldje. Jonge kinderen zijn heel egocentrisch: ze denken dat de wereld om hen draait en dat er buiten hun eigen knusse bestaan niets van belang is. Als ze ouder worden, kunnen ze nog steeds proberen de wereld om hun vinger te winden, maar worden ze zich steeds meer bewust van de maatschappij.

Daar komt bij dat jonge mensen vaak heel veel belang hechten aan onderwerpen als rechtvaardigheid en eerlijkheid. En begint u te begrijpen waarom tieners zich betrokken kunnen voelen bij mondiale humanitaire zaken waarvoor veel wat meer levensmoeë volwassenen alleen maar hun schouders ophalen. Tieners zijn naïef genoeg, gelukkig maar, om te denken dat ze de wereld kunnen veranderen in hun eentje en werkelijk een 'einde kunnen maken aan de armoede', terwijl cynische ouders misschien niet eens een poging wagen (dus goddank zijn er tieners!).

Een andere verklaring voor het enthousiasme van tieners voor humanitaire zaken is dat ze nog steeds bezig zijn hun eigen identiteit te vinden en te ontdekken wie ze werkelijk zijn. Door zichzelf te verbinden aan een (populaire) waardevolle zaak laten ze aan zichzelf en anderen zien dat ze een betrokken individu zijn dat zich inzet voor belangrijke onderwerpen. Vandaar dat tieners u heftig kunnen toespreken over vegetarisme, recyclen, klimaatverandering en het boycotten van minder ethische bedrijven. En waarschijnlijk is het heel goed dat ze zich zo gepassioneerd voelen. Veel veranderingen zijn tot stand gekomen door het enthousiasme en de terechte verontwaardiging van onze tieners, dus drie hoera's voor hen (behalve als ze spottende opmerkingen maken als u van een stukje vlees geniet of u dwingen tot het kopen van een ander koffiemerk).

Zo kunt u met hun huidige bevlieging omgaan (o, wat een patroniserend woord – laat hun dit niet lezen):

● Noem hun passie voor het milieu of de dierenrechten nooit een 'bevlieging' (dat zouden wij nooit doen!).
● Respecteer hun ideeën; dat betekent naar hen luisteren en geen afbrekende kritiek uiten.
● Bied weerstand aan de verleiding om constant te wijzen op de barstjes in hun argumenten of om triomfantelijk te wijzen op hun eigen inconsequentie ('Ha, maar jij draagt leren schoenen!').
● Uitdaging is prima en goed voor hun zich ontwikkelende bewustzijn, maar maak hun argumenten niet belachelijk.
● Dwing hen niet tot andere ideeën. Als u het niet goedvindt dat ze vegetarisch eten, worden ze waarschijnlijker nog fanatieker in hun wens om geen vlees te eten (de theorie van de psychologische reac-

tantie wil zeggen dat als de vrijheid wordt beperkt, mensen van de weeromstuit juist doen wat verboden is).

● Als ze anders willen eten, bijvoorbeeld vegetariër of veganist willen worden, is het misschien verstandig om hierin tegemoet te komen door een geschikt alternatief te geven (of nog beter, hen zelf te laten koken). Zorg dat hun maaltijden evenwichtig en gezond zijn. Bezoek voor ideeën eens de website **www.vegetarisme.be.** Meer beperkende maaltijden, zoals lactosevrij, mogen alleen onder medisch toezicht.

Maar al deze zorgen verbleken als u te maken krijgt met de echte problemen, die u 's nachts wakker kunnen houden. Lees verder – als u durft!

HOOFDSTUK 10

DRUGS, EETSTOORNISSEN EN ANDERE ZORGEN DIE U 'S NACHTS WAKKER HOUDEN

Het is de taak van een tiener om u 's nachts wakker te houden, maar soms wordt uw slaap nog meer verstoord dan anders. Dit hoofdstuk gaat over een aantal van uw ergste nachtmerries.

• •

Uit ons onderzoek bleek...

Uit ons onderzoek onder 170 ouders kwam naar voren dat hun grootste zorgen over hun tieners waren:

1 Hun persoonlijke veiligheid/aangevallen worden – 29%

2 School/examens – 27%

3 Hun toekomst/carrière etc. – 22%

4 Druk van leeftijdgenoten/drugs – 17%

5 Verkeerde vrienden – 17%

6 Hun gezondheid – 15%

7 Hun geluk – 13%

Drugs

Mensen gebruiken al honderden, zoniet duizenden jaren middelen om de manier waarop ze zich voelen te veranderen. Maar er zijn drie belangrijke gebieden waarin uw tiener de grens van gebruik naar misbruik kan overschrijden:

● Als de drug die ze gebruiken verboden is.

● Als het gebruik ervan hun gezondheid, school, sociale leven of welzijn beïnvloedt.

● Als het gebruik van de genotmiddelen leidt tot deelname aan andere illegale of asociale activiteiten (zoals stelen om bijvoorbeeld drugs te kunnen kopen of asociaal en illegaal gedrag tijdens dronkenschap).

Van de legale genotmiddelen worden tabak en alcohol het meest door tieners gebruikt. Volgens een internationaal onderzoek in 2005-2006 onder toezicht van de WGO rookt 18% van de meisjes en 19% van de jongens van 15 jaar wekelijks. Van de jongeren tussen 11-16 jaar drinkt 75% alcohol. Cannabis is ooit weleens gebruikt door 41% van de jongens en 30% van de meisjes van 16 jaar.

Interessant is dat uit een onderzoek in Engeland in 2004 naar voren kwam dat ongeveer 20% van de tieners deed alsof ze drugs gebruikten om bij hun vrienden te horen.

Waarom gebruiken tieners drugs?

Hier volgen enkele redenen uit ons eigen onderzoek[28] die tieners op-noemden voor het experimenteren met drugs:

- Om 'cool' te zijn.
- Vanwege vrienden.
- Om erbij te horen.
- Nieuwsgierigheid.
- Omdat het verboden is (uit verzet).
- Om high te worden.
- Om niet meer aan mijn problemen te hoeven denken.
- Omdat ik onder stress sta.

Hoe weet ik of mijn tiener genotmiddelen gebruikt?

Het antwoord is jammer genoeg dat u er waarschijnlijk pas achter komt als er problemen ontstaan (zie hieronder). Het is moeilijk om te weten of uw kind is gaan experimenteren totdat er sprake is van misbruik en de dingen uit de hand beginnen te lopen. Zo herkent u problemen bij uw tiener:

- Plotselinge lethargie of veranderde slaapgewoonten
- Humeurigheid of stemmingswisselingen (meer dan normaal)
- Agressie
- Geslotenheid
- Versuft of niet helemaal aanwezig lijken
- Geld stelen
- Verandering van eetlust

- Andere sociale groep
- Het opgeven van hobby's en interesses

Veel van de hierboven genoemde punten kunnen ook signalen zijn van iets anders, zoals pesten (zie hoofdstuk 6) of gewoon weer die hormonen. De enige manier waarop u zekerheid kunt krijgen, is waarschijnlijk door het te vragen... maar ze hoeven het niet toe te geven. U zou hun kamer kunnen doorzoeken of hun dagboek kunnen lezen, maar alleen in het uiterste geval, want dit is een ernstige schending van het vertrouwen, wat moeilijk te herstellen kan zijn.

Wat moet u doen als u denkt dat uw kind een probleem heeft met het gebruik van genotmiddelen?

Praten is de beste manier. Het is verleidelijk om te gaan razen en tieren, huisarrest te geven of zakgeld in te houden, maar dat werkt alleen voor de korte termijn en heeft waarschijnlijk geen effect op langere termijn. U moet uw aandacht richten op de veiligheid en de risico's en gevolgen van het doen en laten van uw tiener; proberen uw tiener te dwingen om te stoppen heeft hoogstwaarschijnlijk geen zin en eerder het omgekeerde effect.

Als er genotmiddelen worden misbruikt, gebeurt dit om een reden die aangepakt moet worden. Misschien is er sprake van stress en overbelasting door school? Als u alleen zegt dat uw kind moet stoppen met het roken van cannabis worden die problemen niet aangepakt. Het is belangrijk om tieners op constructieve wijze te leren omgaan met problemen willen ze hun slechte gewoonten opgeven.

Het kan ook zijn dat u zult moeten accepteren dat u een ander idee hebt van een probleem dan uw tiener. Als kinderen ecstasy gebruiken tijdens het uitgaan, vindt u dat misschien verontrustend en zij heel normaal. Het is niet gemakkelijk tieners te laten stoppen met wat ze leuk vinden. Afschrikwekkende verhalen werken niet altijd vanwege alle voorbeelden die ze om zich heen zien: tieners zullen zich veel meer laten beïnvloeden door het feit dat al hun vriend(inn)en drugs gebruiken zonder dat ze er ziek van worden dan door een verhaal uit de krant over een meisje dat eraan gestorven is. Veel beter is het om bijvoorbeeld uw tiener veilig te leren 'gebruiken' (eerst eten, water drinken, zorg dat je van tevoren hebt geregeld hoe je thuiskomt), dan te proberen voorkomen dat uw kind gebruikt.

Het is verstandig om uw tiener de juiste informatie te geven (zie het kader aan het eind van dit hoofdstuk) en ook om uw tiener zelf informatie, hulp of advies te laten opzoeken. Onthoud dat een beetje experimenteren erbij hoort. Het is uw taak om dit binnen veilige grenzen te laten gebeuren.

Wij willen er hierbij tevens op wijzen dat sommige ouders vrij tolerant zijn wat betreft het gebruik van sommige genotmiddelen door hun tieners, zoals het roken van tabak of zelfs cannabis. Sommige lezers hebben het waarschijnlijk ook zelf gebruikt (en misschien nog steeds), dus u kunt zich afvragen waar u zich druk om maakt. Of u het goed vindt of niet, is een persoonlijke keuze maar zorg eerst dat u de feiten kent. Er is veel geschreven over het gevaar van roken, maar niet iedereen is ervan overtuigd dat cannabis schadelijk is. Ga op onderzoek uit en zoek de feiten op. Onthoud dat er meer over de schadelijke effecten bekend is dan u misschien weet als u zelf ooit wiet hebt gerookt. Ook zijn er tegenwoordig nieuwe gevaren aan verbonden, zoals sterkere soorten drugs en een grotere toegankelijkheid tot hardere drugs.

Gokproblemen

Meer dan ooit zijn er voor tieners (en volwassenen) gelegenheden om te gokken. De toename van kraskaarten (voor boven de 16) en onlinepokerrooms (hoewel wettelijk verboden om te spelen voor onder de 18) dragen ertoe bij dat tieners alle gelegenheid hebben dit mogelijk dure tijdverdrijf uit te proberen. Volgens de website www.gamcare.org.uk (een Engelse organisatie die hulp biedt bij gokverslaving) heeft onderzoek aangetoond dat tieners drie keer zoveel kans lopen om gokverslaafd te worden dan volwassenen.

Vermoedelijk gaan tieners om dezelfde redenen als volwassenen gokken: escapisme, ontlading van spanningen, de glamour en de opwinding dat er veel geld gewonnen kan worden. Natuurlijk is het net als bij volwassenen meestal een onschuldig tijdverdrijf. Veel tieners gokken, maar de meesten raken niet verslaafd. Als uw tiener graag gokt, stel uzelf (of uw tiener) dan de volgende vragen:

- Spijbelen ze van school om te gokken?
- Smeken ze om geld, of lenen of zelfs stelen ze geld om te kunnen gokken?
- Gebruiken ze ooit hun geld dat bestemd is voor de lunch om te gokken?
- Moeten ze weleens naar huis lopen omdat ze hun geld voor de bus hebben gebruikt om te gokken?
- Liegen ze tegen u over hun doen en laten?

Als u meer met ja dan met nee geantwoord hebt, is het tijd om het gokken van uw tiener ernstig te nemen. Volgens GamCare (www.gamcare.org.uk) beginnen veel probleemgokkers al in het begin van hun tienerjaren met deze gewoonte. Er wordt op gewezen dat veel tieners zich aangetrokken voelen door dingen die volwassenen doen maar nog niet hebben geleerd verantwoordelijk met geld om te gaan. Dus als uw tiener een gokprobleem heeft, is hij of zij niet de enige.

De eenzame of verlegen tiener – wanneer u zich zorgen moet maken

Veel ouders zijn blij als hun tiener extravert en populair is en maken zich zorgen als hun kind erg verlegen of eenzaam lijkt te zijn. We willen allemaal dat onze kinderen gelukkig zijn en er zit een groot verschil tussen normale verlegenheid en het soort verlegenheid waardoor ze niet van hun leven kunnen genieten. Stel uzelf (of uw tiener) de volgende vragen:

- Heeft uw tiener een of meer vriend(inn)en?
- Komen er ooit vriend(inn)en langs?
- Gaan ze naar vriend(inn)en toe?
- Gaan ze regelmatig met vriend(inn)en ergens naartoe?
- Praten ze over vriend(inn)en op school?
- Doen ze aan een sociale activiteit (bv. een sport), ook al doen ze liever iets alleen?
- Zijn ze lid van een club of doen ze mee aan activiteiten na de schooluren?
- Gaan ze naar sociale gebeurtenissen als ze worden uitgenodigd?
- Worden ze uitgenodigd op feestjes?

Als u meer met ja dan met nee hebt geantwoord, is er geen reden tot ongerustheid, vooral als uw tiener gelukkig lijkt te zijn. Sommige tieners (en volwassenen) zijn gelukkiger in hun eentje en hebben niet veel vrienden nodig. Introverte mensen hebben minder stimulatie nodig en het kan gewoon zijn dat uw tiener bij deze persoonlijkheid past. Accepteer het en probeer uw kind geen dingen te laten doen die het niet wil.

Als uw tiener echter geen echte vriend(inn)en lijkt te hebben, zelden met vriend(inn)en samen is, er zelden iemand langskomt, uw tiener zelden uitgaat, nooit een naam van een leeftijdgenoot van school noemt, zelden uitgenodigd wordt en niet aan sociale activiteiten wil meedoen, kan er sprake zijn van een probleem, mogelijk in de vorm van een sociale fobie. Er kunnen redenen zijn voor de weerstand om ergens bij te horen: misschien is het onzekerheid over het uiterlijk (overgewicht, beugel, acne etc.) of misschien maakt uw kind zich veel te veel zorgen om 'iets verkeerds te zeggen'. Psychologen die sociale fobieën behandelen proberen hun cliënten te laten kijken naar hun verwrongen manier van denken (bv. 'Iedereen kijkt naar me!') en dit te vervangen door realistischer stellingen (bv. 'Iedereen is meer met zichzelf bezig dan met waar ik mee bezig ben'). De lijst hierna laat nog meer voorbeelden zien van hoe een verwrongen manier van denken kan worden vervangen door realistischer gedachten.

Behalve het uitdagen van de verwrongen gedachten is het goed om uw verlegen tiener aan te moedigen kleine stapjes te nemen. Het heeft geen zin om uw kind te dwingen naar een feest of een grote gebeurtenis te gaan. U kunt beter met iets kleins beginnen. Dit noemen psychologen 'desensibilisatie': eerst worden kleine, hanteerbare

Verwrongen gedachten	Realistische gedachten
Misschien doe ik wel iets stoms.	Nou en – wat maakt het uit? Iedereen gaat gewoon door met z'n leven.
Iedereen praat over mij.	Misschien een paar minuten totdat ze iets beters te bespreken hebben.
Iedereen lacht me uit.	Als ik om me heen kijk, zie ik dat dit in werkelijkheid niet zo is.
Ik wed dat iedereen mijn kleren stom vindt.	Ik draag waar ik me prettig in voel – dat gaat niemand wat aan.

stappen genomen waarna langzaam wordt overgegaan naar grotere uitdagingen. Dus kan uw tiener misschien beginnen met samen met u ergens naartoe te gaan, zoals een familiefeest, of op een club te gaan met maar weinig leden.

Denk ten slotte aan de sociale vaardigheden. Geef ideeën voor het openen van een gesprek en onderwerpen voor een gesprek over koetjes en kalfjes. Help uw kind rechtop te staan en vertel hoe belangrijk oogcontact is.

Verlegen en eenzame tieners kunnen profiteren van de kansen die de nieuwe technologie biedt, dus moedig uw kind aan om mee te doen aan chatrooms en het maken van e-mailpenvriend(inn)en, maar praat eerst samen over veilig internetten.

Veilig internetten

Leer uw kind veilig internetten met chatrooms, netwerksites (zoals MySpace, Netlog en Facebook) en e-mailen. Ze moeten nooit:

● in chatrooms hun ware identiteit, adres, telefoonnummer etc. aan vreemden geven;
● foto's van zichzelf aan iemand geven die ze niet kennen;
● alleen ergens afspreken met iemand die ze via internet hebben ontmoet;
● met vreemden over seks praten of meedoen aan 'cyberseks' (waarbij hun wordt gevraagd zichzelf aan te raken etc.);
● persoonlijke details over zichzelf geven op websites (bv. MySpace).

Als ze het niet vertrouwen, moeten ze het aan een volwassene vragen of gewoon uitloggen. Herinner hen eraan dat de persoon met wie ze praten iedereen kan zijn en niet per se de 15-jarige jongen hoeft te zijn zoals wordt beweerd. Op internet zijn verschillende websites over dit onderwerp te vinden, zoals:

● www.veilig.kennisnet.nl
● www.iksurfveilig.nl
● www.surfsafe.nl
● www.saferinternet.be

Eetstoornissen – de signalen die erop wijzen (en niet alleen bij meisjes)

Er zijn twee hoofdcategorieën van eetstoornissen: anorexia en boulimie. Bij geen van beide gaat het alleen om de wens dun te zijn; het is veel complexer. Tieners ontwikkelen eetstoornissen vanwege de behoefte aan controle, omdat ze niet gelukkig zijn of weinig zelfrespect of zelfvertrouwen hebben. Soms hebben tieners het gevoel dat ze zo weinig controle over hun leven hebben dat het beperken van wat ze eten het enige is waar ze wel de controle over kunnen hebben. Anderen krijgen meer zelfrespect door te bewijzen dat ze ergens 'goed' in zijn (in afvallen). Sommigen willen dunner worden, mogelijk omdat ze populairder willen worden of er aantrekkelijker uit willen zien, en krijgen een kick als ze zien dat ze afvallen. Veel tieners met een eetstoornis hebben een vervormd beeld van hun lichaam en denken dat ze dik zijn terwijl ze in werkelijkheid graatmager zijn.

Signalen die wijzen op een eetstoornis:

● Regelmatig een excuus bij de hand hebben om niet te hoeven eten ('Ik heb al bij een vriend(in) gegeten' etc.).
● Gebrek aan zin in eten.
● Sterke weerzin om 'dikmakers' te eten.
● Na het eten naar het toilet gaan om over te geven.
● Excessieve beweging, bijvoorbeeld lopend naar school gaan, joggen voor school, urenlang in de weer zijn met fitnessapparatuur.

In ons eigen onderzoek (uit 1995) kwam naar voren dat ongeveer 11% van de ondervraagde meisjes 'vrij vaak of heel vaak' maaltijden oversloeg om af te vallen. Slechts 40% van de jongens en 22% van de meisjes zeiden dat ze tevreden waren met hun gewicht. Toen we het onderzoek in 2004 herhaalden, kwam naar voren dat een kwart van de ondervraagde meisjes en 16% van de jongens ontevreden waren met hun gewicht. Hoewel het aantal meisjes dat zei 'vaak' maaltijden over te slaan om af te vallen in beide onderzoeken gelijk bleef, steeg het aantal jongens dat maaltijden oversloeg; het aantal jongens was minder dan 2% in 1995 maar 8% in 2004.

De gemiddelde leeftijd waarop jongeren anorexia krijgen is 15 jaar.[29] Van de 15-jarigen heeft 23% van de meisjes en 8% van de jongens weleens een dieet gevolgd.[30]

Als u het vermoeden hebt dat uw tiener een ongezonde houding heeft (maar nog geen eetstoornis heeft ontwikkeld) ten aanzien van eten, zijn of haar zelfbeeld, afvallen enzovoort, volgen hier enkele waardevolle tips:

- Zeg positieve dingen over hun uiterlijk; lieg niet, maar geef regelmatig complimentjes om hun zelfrespect op te bouwen.
- Geef geen commentaar op hun gewicht, uw gewicht of dat van andere mensen. Dat betekent dat u geen negatieve opmerkingen maakt over uzelf of anderen. Het betekent ook dat u voorzichtig bent om in het bijzijn van uw tiener vriend(inn)en te prijzen omdat ze afgevallen zijn.
- Beperk uw eigen dieetgedrag; geef het goede voorbeeld door gezond te eten maar wees niet obsessief. Moedig soms ook aan om iets te eten wat ongezond maar wel lekker is.

Als u denkt dat uw kind een eetstoornis heeft, zijn er verschillende wegen om hulp te krijgen. Op internet vindt u websites over dit onderwerp (zie het kader aan het eind van dit hoofdstuk) en in de winkel zijn boeken over eetstoornissen te koop om u te adviseren. Ook kunt u met uw huisarts praten, die uw kind in ernstige gevallen kan doorverwijzen naar speciale centra.

Zelfbeschadiging

Uit een onderzoek in 2005 uitgevoerd door de universiteit van Leiden in samenwerking met de GGD van Rotterdam onder 4000 scholieren bleek dat 5% van de jongeren tussen 14-17 jaar zich weleens opzettelijk pijn had gedaan (www.zelfbeschadiging.nl).

Bij zelfbeschadiging gaat het om allerlei gedragingen die variëren van in de huid snijden, haren eruit trekken, huid verbranden, of zichzelf ergens tegenaan slaan. Net als andere symptomen is zelfbeschadiging een ongezonde manier om met stress of emotionele pijn om te gaan. Mensen die zichzelf beschadigen gebruiken echte door zichzelf veroorzaakte pijn als afleiding voor emotionele pijn. Ook kan het een kreet om hulp zijn, een dramatische manier om aandacht voor problemen te vragen.

Het kan ongelofelijk pijnlijk en schokkend voor ouders zijn om te ontdekken dat hun kind zichzelf beschadigt. Misschien ziet u verwondingen waarvoor geen verklaring is – sneetjes in de armen of polsen of pleisters. Uw kind kan zelfs als het heel erg warm is het lichaam helemaal bedekken en over het algemeen ongelukkig, depressief of humeurig zijn.

Als u een verwonding ziet die uw kind zichzelf heeft toegebracht, blijf dan kalm en geef eerste hulp (behandel de wonde zoals u elke andere verwonding behandeld zou hebben). Grote kans dat uw tiener de zelfbeschadiging niet wil toegeven, maar door er voorzichtig op door te vragen kunt u het er misschien toch uittrekken. Probeer uw schrik of afkeer te verbergen en begin aan het langzame proces van herstel. Tijdens dit proces probeert u uw tiener (en uzelf) te helpen inzien waarom hij of zij zichzelf beschadigt. Daarnaast zoekt u naar wegen om het probleem aan te pakken, dat wil zeggen, zoeken naar andere manieren om verdriet te uiten (op internet vindt u een aantal goede ideeën, zoals het wrijven met ijs of het gebruik van een rode viltstift en elastiekjes tegen de pols laten knallen). En ook moeten de symptomen worden behandeld (kijken naar wat de oorzaak van het verdriet is). U hoeft dit niet alleen te doen – lees het informatiekader aan het eind van dit hoofdstuk.

Als uw kind steelt

Het komt heel vaak voor dat tieners een keer iets stelen, maar dit maakt van hen nog geen echte crimineel. Ze kunnen stelen om te laten zien aan vrienden dat ze het durven, om zichzelf iets te bewijzen, voor de kick of om hun vriend(inn)en te imponeren. Als tieners vaak of regelmatig stelen, is dat wel een reden om bezorgd te zijn, alleen al vanwege het strafblad dat ze erdoor kunnen krijgen, wat hun toekomst kan torpederen. U zult kalm moeten blijven (zoals in alle gevallen, maar dat is gemakkelijker gezegd dan gedaan) en er proberen achter te komen om welke reden ze stelen.

Stelen om dingen te krijgen die ze graag willen hebben, is waarschijnlijk zorgelijker dan stelen om andere redenen, omdat het kan betekenen dat ze op deze leeftijd een slecht begrip van goed en kwaad hebben ontwikkeld. Stelen omdat ze boos zijn, om hun vriend(inn)en te imponeren, vanwege de kick, om aandacht te krijgen of zelfs om drugs of drank te kopen – dat zijn allemaal onderliggende problemen waaraan gewerkt moet worden (hoewel u dat niet in uw eentje hoeft te doen – u kunt professionele hulp krijgen).

Extra hulp

Drugs

- Vereniging voor alcohol en andere drugproblemen: www.vad.be, druglijn 078-15 10 20.
- Trimbos-instituut (Nederlands instituut voor geestelijke gezondheidszorg en verslavingszorg): www.trimbos.nl.
- www.drugsinfo.nl, drugsinfolijn 0900-1995; alcoholinfolijn 0900-500 20 21.

Eetstoornissen

- Stichting anorexia en boulimia nervosa, landelijke organisatie voor en door mensen met eetstoornissen: www.sabn.nl.
- Vereniging anorexia nervosa – boulimia nervosa: www.anbn.be.
- Nederlandse academie voor eetstoornissen: www.eetstoornis.info.
- Vereniging Eetstoornis Net, vereniging voor mensen met een eetstoornis: www.eetstoornis.net.
- www.eetstoornis.be, een Belgische website met alles over eetstoornissen en links.
- Op www.eetstoornis.start.be en www.eetstoornissen.startpagina.nl vindt u links naar andere websites.

Zelfbeschadiging

- Landelijke Stichting Zelfbeschadiging: www.zelfbeschadiging.nl.
- Website voor cliënten, hulpverleners en belangstellenden: www.zelfbeschadiging.info.
- www.zelfbeschadiging.start.be met links naar andere websites.

Gokverslaving

- Werkgroep tegen gokverslaving.vzw: www.wtgv.be.
- Stichting AGOG: www.agog.nl.

SLOTWOORD

Dit boek richt zich op de problemen en moeilijkheden die het samenleven met een tiener met zich meebrengt. We willen echter benadrukken dat het niet allemaal kommer en kwel is en dat de meeste tieners als liefdevolle en goede volwassenen uit deze turbulente periode tevoorschijn komen (de staat van hun ouders is een andere zaak natuurlijk!). We waren erg gerustgesteld door de uitkomst van ons onderzoek, waaruit bleek dat, alles welbeschouwd, de meeste ouders een heel goede relatie met hun tiener hebben (en dat was voordat ze dit boek lazen). 89% van de ondervraagde moeders vond de relatie met hun tiener 'goed' of 'heel goed'. Dit geldt iets minder voor vaders, namelijk 80%, maar nog steeds is dit een geruststellend percentage. Dus u kunt gerust zijn dat er heus wel iets is dat u goed doet!

EXTRA HULP

Hier volgen nog enkele websites waar u terechtkunt voor algemene informatie over jongeren en de puberteit:

- www.jongereninformatie.be: een site voor jongeren over alle belangrijke zaken
- www.opvoedingstelefoon.be: de opvoedingstelefoon is er voor vaders, moeders, grootouders, stiefouders, gescheiden ouders... die behoefte hebben aan een gesprekspartner.
- www.groeimee.be: een website met allerlei informatie rond opvoeden. Groeimee weerspiegelt wat er gaande is rond opvoedingsthema's. Er is ook een rubriek EHBO (Eerste Hulp Bij Opvoeden), waar alles gebundeld is op één plek.
- www.kjt.org: de website van de kinder- en jongerentelefoon waar jongeren terechtkunnen met al hun vragen.

Jongeren kunnen met vragen of problemen terecht op het nummer van de Kindertelefoon (www.kindertelefoon.nl).

Op veel plaatsen in Nederland is er een Jeugd Informatie Punt (www.jip.org) dat informatie en advies geeft over werk, school, drugs, geld, huisvesting, rechten en plichten, seks en vrije tijd.

Dankwoord

We willen graag de honderden ouders bedanken die deelnamen aan ons onderzoek voor dit boek. Graag willen we hierbij speciaal de leden van het ouderpanel vermelden voor de tijd en moeite die zij hebben genomen om het concept van dit boek te lezen en om commentaar en feedback te geven.

Over de auteurs

Dr. Sandi Mann is master in de kinder- en jeugdpsychologie en als psycholoog verbonden aan de Central Lancashire universiteit. Ze heeft een jeugdproject in Manchester en twee grote regionale onderzoeks- projecten geleid naar de behoeften van jongeren en nam deel aan een nationaal onderzoek naar seksuele voorlichting op scholen. Te- genwoordig begeleidt Sandi scholen bij het geven van trainingen aan tieners op het gebied van stressmanagement, assertiviteit, communi- catievaardigheden en woedebeheersing.

Dr. Paul Seager is psycholoog aan de Central Lancashire universiteit, gespecialiseerd in de sociale psychologie, met onderwerpen als sociale invloed, groepsidentiteit, misleiding en conformiteit. Aan jongeren gaf hij cursussen woedebeheersing en communicatieve vaardigheden.

Jonny Wineberg is consultant en geeft advies aan kinderen en jonge- renorganisaties. Hij was directeur jeugdzaken van de gemeente Man- chester, is nu gastdocent jeugdwerk aan het Nazarener Theologisch College, leidt het forum van geloofsjeugdgroepen in Manchester en zit in het bestuur jeugdzaken. Hij geeft aan jeugdwerkers en jonge mensen cursussen over pesten, eetstoornissen, drugs, communicatie- vaardigheden en seksuele gezondheid.

Verwijzingen

[1,2,3] Olweus, D. (1978, 1980, 1991) in Bullying at School (1993), Oxford: Blackwell.

[4] Neary A. en Joseph S. (1994), Peer Victimization and Its Relationship to Self-Concept and Depression Among Schoolgirls. Personality and Individual Differences, v16 n1 p. 183-186.

[5] Bjorkqvist K., Lagerspetz K.M.J., Kaukainen A. (1992), Do Girls Manipulate and Boys Fight? Developmental Trends in Regard to Direct and Indirect Aggression, Aggressive Behavior, Vol. 18 p. 117-127.

[6] Drake J.A., Price J.H., Telljohann S.K., & Funk J.B. (2003), Teacher Perceptions and Practices Regarding School Bullying Prevention, Journal of School Health, 63, 347-355.

[7] MacLeod M., Morris S., Why Me? Children Talking to Childline About Bullying. London: Childline, 1996.

[8] Smith P., Pepler D. and Rigby K. (Eds) (2004), Bullying in Schools: How Successful Can Interventions Be?, Cambridge: University Press.

[9] Sullivan K., Cleary M. and Sullivan G. (2004), Bullying in Secondary Schools, London: Paul Chapman Publications.

[10] Media's Impact on Adolescents' Body Dissatisfaction, Hofschire L.J. & Greenberg B.S. in 'op cit.' p. 146-147.

[11] 'Physiological Processes – What role do they play in the transition to adolescence?' Paikoff R.L. & Brooks-Gunn J., in 'From Childhood to Adolescence – A Transitional Period?', Montemayor et al Ed., Sage, London, 1990 p. 71-72.

[12] op. cit. p. 73.

[13] op. cit. p. 75.

[14] 'The Nature of Adolescence. 2nd Ed.', Coleman J.C. and Hendry L., Routledge, London 1990.

[15] Young People, Health and Family Life, Brannen J. et al, OU Press, Buckingham, 1994 p. 178.

[16] Maes & Vereecken, 2002

www.sensoa.be/pdf/feiten_en_cijfers/jongeren_en_seksualiteit juli 2005.

[17] ICM research commissioned by Teachers'TV for The Big Debate: Sex in the Classrom 2006 www.teachers.tv/node/17595.

[18] ibid.

[19] 'The Adolescent in the Family', Noller P., and Callan V., Routledge, London, 1991 p. 48.

[20] Risk, Gender and Youthful Bodies, Bunton R. et al in Young People, Risk and Leisure – constructing identities in everyday life, Mitchell W. et al Eds, Palgrave Macmillan, Basingstoke, 2004, p. 170-171.

[21] op. cit. p. 172-173.

[22] Risk-takers – Alcohol, Drugs, Sex and Youth, Plant M. & Plant M., Routledge, London 1992 p. 100.

[23] Sources of Sex Education Amongst Early Adolescents, Thornburg I I.D., Journal of Early Adolescence, 1, 1980, p. 171-184.

[24] Adolescense, 10th Ed., Santrock J.W., McGraw-Hill, New York, 2005, p. 260.

[25] Shaking the Tree of Knowledge for Forbidden Fruit: Where adolescents learn about sexuality and contraception, Sutton J.M. et al in Sexial Teens, Sexual Media – investigating media's influence on adolescent sexuality, Brown J.D. et al, Lawrence Erlbaum, London, 2002 p. 34.

[26] Sex and Relationship Education Guidance, DfEE, Nottingham, 2000, p. 25.

[27] The Choreography of Condom Use: How, not just if, young people use condoms, Hatherall B., Stone N., Ingham R. & McEachran J., Brook, Southampton, 2005.

[28] Mann S., Shaw M. and Wineberg J. (1995) Through Their Eyes.

[29] www.caleidoscoop.be en www.trouw.nl/archief/article1317475.ece

[30] rapport HBSC, internationale studie in 2005-2006 onder toezicht van WGO, www.ugent.be/nl/nieuwsagenda/nieuws/persberichten/2008/pb5612.htm/

Register